Churchill m'a tué

Une enquête à travers l'indicible histoire grecque contemporaine

Rue des Écoles

La collection « Rue des Écoles » est dédiée à l'édition de travaux personnels, venus de tous horizons : historique, philosophique, politique, etc. Elle accueille également des œuvres de fiction (romans) et des textes autobiographiques.

Déjà parus

Le Milon (Jean-Renaud), *Le révolte des animaux sauvages*, 2019.

Vervaet (Chantal), *Rideau*, 2019.

Khim-Tit (Hélène), *La Route de la joie ou La création d'une école en Inde*, 2019.

Hochman (Natacha), *Et qu'en pense le chien ?*, 2019.

Mohtashami (Charles), *Châteaux de sable*, 2019.

Lalande (Laurence), *De l'autre côté de la Manche*, 2019.

Miège (Colin), *L'aventurier enraciné. Récit d'une vie dans le XXe siècle*, 2019.

Capdeillayre-Miollan (Marie-Claude), *Regards obliques, Nouvelles*, 2019.

Ruiz (Dominique), *La griffure du jaguar. Au cœur de la forêt lacandone*, 2019.

Duhamel (Philippe), *La fin de l'ancienne firme Saint-Frères en Picardie. Un ancien du textile français témoigne*, 2019.

Leccia (Jean-Baptiste), *Fredianu le Sarde et le jardin de Plutarque*, 2019.

Chertier (Dominique Jean), *GOVENN, Les Destinées contrariées*, 2019.

ഔഔ

Ces douze derniers titres de la collection sont classés par ordre chronologique en commençant par le plus récent.
La liste complète des parutions, avec une courte présentation du contenu des ouvrages, peut être consultée sur le site www.editions-harmattan.fr

Jean Audouin

Churchill m'a tué

Une enquête à travers l'indicible histoire grecque contemporaine

Du même auteur

Plastique et architecture / Editions Perrin 1968.
La France culbutée / Editions Alain Moreau 1978.
Les Banlieues / Qui, Quand, Quoi ? / Editions Hachette 1996 (avec Antoine Loubière).
...Et le monde tremblera ! / Edilivre 2016.
Mauvaise Foi / Publishroom 2017.

© L'Harmattan, 2020
5-7, rue de l'Ecole-Polytechnique, 75005 Paris
http://www.editions-harmattan.fr
ISBN : 978-2-343-19085-3
EAN : 9782343190853

" *Les Grecs sont, avec les Juifs, la race du monde la plus portée à la politique.*

Si désespérée que soit leur situation, si grave que soit le péril couru par leurs pays, ils demeurent toujours divisés en de nombreux partis, avec de nombreux chefs qui se combattent entre eux avec acharnement ".

Winston Churchill, in « Le tourment grec », titre du 13e chapitre du tome V de ses *Mémoires*.

Avertissement

Si la plupart des personnages de ce roman sont inventés pour endosser les actes et propos de personnes existantes ou ayant existé, en revanche, les faits sont malheureusement issus d'événements réels attestés par les témoignages recueillis par l'auteur ou relatés dans la littérature.

Remerciements

Ce récit est le fruit de nombreuses rencontres, entretiens et des informations traduites sans relâche par Angeliki Parissopoulou, du regard critique de mon fils Maxime et de mon ami Jean-Jacques, sans oublier les encouragements d'Odile, mon épouse, de mes enfants et de mes amis grecs et français.

Je voudrais également remercier particulièrement les Éditions L'Harmattan pour leur accueil, pour le partage sans fard de cette tragique Histoire grecque récente avec Jérôme Martin et pour la zénitude contagieuse de Perrine Fourgeaud dans la mise en œuvre de ce livre.

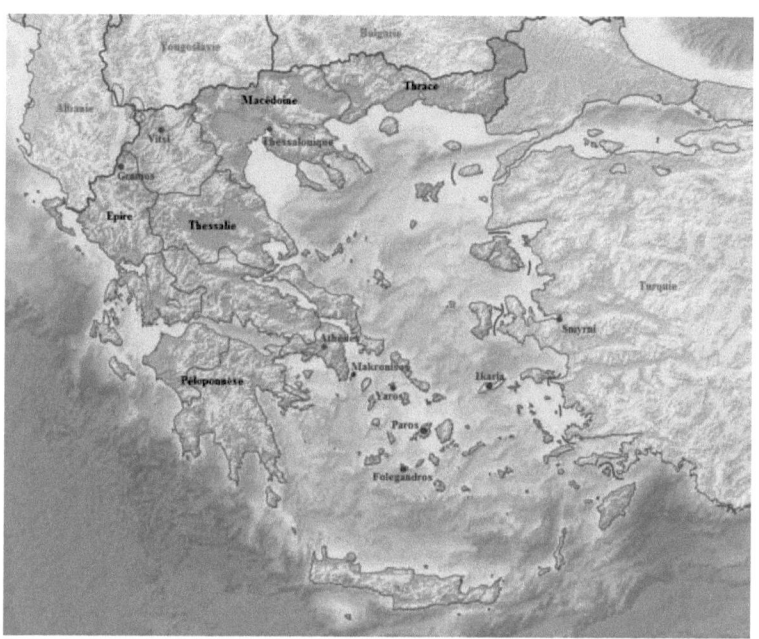

© Angeliki Parissopoulou

Chapitre I

Lundi 17 novembre 2008

Mais qu'est-ce que je fous là ? Suis-je mort ? Et ce liquide chaud qui s'épanouit doucement sur mon ventre, c'est du sang ou je me suis pissé dessus ? Putain ! On dirait bien qu'en tombant je me suis fait exploser la tronche ! Dans ma malchance, j'ai dû rater les poubelles pour aller m'écraser juste à côté sur les pavés de la cour. Pas étonnant que je me sente comme en pièces détachées. Il faut dire que tomber du septième étage, il y a de quoi être tout cassé.

Si quelqu'un m'a vu tomber ou a entendu le bruit que j'ai fait en m'écrasant sur le sol, j'espère qu'il aura eu le réflexe d'appeler aussitôt les secours parce que, si je dois attendre que Yorgos ait fermé le restaurant après son dernier client pour rentrer à l'appartement et s'inquiéter de ma disparition, j'ai bien le temps de mourir quinze fois... N'empêche que les pompiers feraient bien d'arriver rapidement s'ils veulent avoir une chance de reconstituer le puzzle. Déjà, il me semble que les battements de mon cœur... ralentissent.

Il paraît que, quand on meurt, on revoit le film de sa vie, en accéléré. A 85 ans, je croyais bien, pourtant, avoir tout vécu. L'emprisonnement de mon père, torturé sous la dictature de Metaxás, mort dans les camps de Makronissos... La deuxième guerre mondiale et la résistance héroïque de mes amis communistes aux vagues d'invasions successives : les Italiens d'abord, puis les Allemands, puis les Anglais, puis les Américains... Avec en prime, avant, pendant et après, trois guerres civiles ! Sans oublier un exil forcé à Tachkent où j'ai heureusement retrouvé ma chère Chrissoula qui m'a fait de beaux jumeaux... Et puis, après notre retour à Athènes, ce sinistre coup d'État des colonels avec, à nouveau, les camps de concentration, la torture... Jusqu'à l'émigration de la tribu vers la France en 1982... Aurais-je oublié quelque chose ? Le

Grexit, peut-être ! Mais ça, c'est encore aujourd'hui de la science-fiction...

J'ai froid mais ça n'a rien d'exceptionnel pour un mois de novembre.

Est-ce que j'ai basculé par-dessus le garde-corps de la terrasse ou bien est-ce qu'on m'a poussé ?... Ah, ça me revient... vaguement ! Quelqu'un a sonné à l'interphone. Je ne me lève jamais pendant ma sieste ! Jamais ! De toute façon, il y a toujours un voisin qui finit par ouvrir à celui qui pianote sur tous les boutons. À moins que cet emmerdeur ait profité de l'ouverture de la porte à un livreur pour se faufiler dans l'immeuble... Ce quelqu'un est ensuite venu frapper à notre porte. Je ne voulais pas me lever mais... si c'était quelque chose d'urgent. Ce pouvait être mon petit-fils qui a oublié sa clef ou un bouquin : sacré Théophraste ! Non ! Il n'aime pas que je l'appelle comme ça, mon petit Théo !... Quelle tête il va faire quand il va me voir dans cet état... En plus, ce type tambourinait de manière lancinante... jusqu'à ce qu'il s'interrompe quand il a senti que j'étais derrière la porte... Alors, il s'est arrêté de la maltraiter pour m'interpeller. En grec ! Oui, en grec ! On ne peut pas faire la sourde oreille à l'appel d'un 'pays' ! A demi déssiesté, je me suis résolu à ouvrir. Je n'ai pas réussi à mettre un nom sur ce visage... mais cela m'arrive de plus en plus souvent de ne pas reconnaître les gens. Comme il a prétendu qu'on se connaissait, mon sens de l'hospitalité a naturellement pris le dessus. Je lui ai proposé d'entrer et de boire quelque chose ! Pendant que je me dirigeais vers la cuisine pour chercher des verres, il s'est engagé sur l'escalier qui monte à la terrasse. Je lui ai crié de faire très attention. Yorgos, Théo et moi admonestons systématiquement les visiteurs aventureux, car elle est foutrement périlleuse cette terrasse. Mais le bougre ne semblait pas vouloir entendre mes recommandations de prudence... Alors j'ai dû quitter la cuisine pour le suivre et... Je ne saurais pas dire ce qui s'est passé ensuite.

Voilà que je suis pris de tremblements... Pourtant, je ne suis pas sujet à des crises de 'palu'... Ces pavés sont rudement inconfortables et décidément trop froids, il faudra que je le dise à Yorgos. Ah ! Ça y est ! J'entends des pas... Quelqu'un se penche vers moi... Je sens un souffle chaud sur la figure. Et comme une odeur d'after-shave, genre cannelle musquée... Voilà qu'il m'interpelle et me demande si je me souviens de mon nom... Et puis quoi encore, il ne veut pas ma carte 'Vitale', en plus ! Et ce n'est pas la peine de me tripoter pour voir si je respire encore, ni de mettre deux doigts sur ma jugulaire, abruti ! C'est trop tard ! Je suis mort !... Un 17 novembre ! Je n'aurais pas pu mieux choisir ! C'est un beau jour pour mourir !

Chapitre II

Mardi 18 novembre 2008

Depuis qu'il avait pris sa retraite, il y avait maintenant huit mois, c'était devenu un quasi rituel. Tous les mardis, un peu avant midi, il quittait son petit logement juché au sommet d'un immeuble en briques, tout au bout de la rue Thouin. Il habitait depuis plus de vingt ans sur cette placette d'où il bénéficiait d'une vue imprenable sur l'arrière du Lycée Henri IV et l'entrée de la piscine Jean Taris.

Après avoir jeté un regard à droite, puis à gauche, par réflexe professionnel, il rejoignait la place Contrescarpe par la rue Blainville, puis il s'engageait sans hésitation dans la rue Mouffetard. Il s'ingéniait à la descendre lentement avec son allure de père tranquille, en rythmant ses pas au métronome qu'instauraient les balancements de son catogan. Il veillait à ne pas se départir de son air revêche, soigneusement peaufiné au fil des années pour tenir à distance les emmerdeurs. Mais cette protection salutaire ne l'empêchait pas d'être à l'écoute des interpellations et commentaires des bistrotiers qui préparaient leurs tables pour le coup de feu du déjeuner.

Sa marche était nonchalante quand la météo était favorable, à peine plus empressée quand la pluie venait arroser le pavé parisien. Il ne se sentait alors pas concerné : '*il ne pleut que sur les cons*', on sait çà chez les Bretons. Et Breton, il l'était et ne s'en cachait pas, loin s'en faut. D'ailleurs, comme son nom le laissait deviner quand il l'énonçait avec fierté, c'était un breton de bonne facture. Né dans les faubourgs de Lorient, il y avait vécu toute son enfance et toutes les vacances depuis, mais sa carrière dans la police judiciaire l'en avait éloigné d'abord vers diverses métropoles françaises avant de s'achever 'à la capitale', au 36 ! Celui du Quai des Orfèvres, bien sûr, pas celui qu'ils projetaient déjà de construire aux Batignolles, rue du Bastion. « *Pourquoi pas rue du baston* », avait-il tempêté quand il avait entendu parler de ce projet. Heureusement, sa retraite lui avait épargné ce déménagement.

Yannick Le Clech avait la réputation d'un homme à l'abord rugueux, mais sitôt franchie la barrière de protection naturelle, il faisait preuve d'une insatiable curiosité sur tous les sujets, sans préjugés. Son visage hâlé et buriné par le grand air était illuminé par ses yeux bleu clair : il fixait sans sourciller ses interlocuteurs avec ce regard qui permet aux marins de sonder au-delà de l'horizon. De taille moyenne, il était d'une morphologie assez compacte dominée par une tête carrée, encore bien garnie d'une chevelure grisonnante, domestiquée par ce magnifique catogan évoqué plus haut. Le tout était coiffé d'une casquette de marin dont il ne se séparait jamais, même si elle détonnait parfois franchement avec ses costards de bonne facture.

Ce Breton s'était peu à peu intégré dans ce quartier Mouffetard au point d'en être devenu un élément notable du folklore local. Il ponctuait son périple hebdomadaire de plusieurs escales : la première, chez Cécile, en face de l'école maternelle ; la seconde, en lèche-vitrine de la librairie L'Arbre du voyageur, au coin des rues Mouffetard et Ortolan. Juste après, pour sa troisième escale, tournant le dos à la caserne des gardes républicains, il marquait une pause nostalgique devant le 62 : il avait le souvenir confus d'y avoir, ado, assisté, en compagnie de son paternel à un récital de Bobby Lapointe dont il se surprenait parfois encore aujourd'hui à en fredonner des bouts de répertoire. Il passait ensuite sans s'arrêter devant la Bibliothèque du V°, se faisant chaque fois le sourd reproche de ne pas avoir le temps d'y entrer aujourd'hui ; peut-être la prochaine fois ! Et son périple se poursuivait ainsi jusqu'au parvis de l'église Saint Médard.

La boutique de Cécile s'intitulait 'OBj'ai TROUVÉ'. Elle y vendait depuis de nombreuses années gadgets et souvenirs parisiens qu'elle faisait venir de tous les coins du globe et qu'elle disposait avec amour dans un fouillis indescriptible, selon une logique très personnelle. De fait, elle fournissait la quasi-totalité des cadeaux de dernière minute que les mères venaient lui acheter en catimini avant la sortie de l'école pour répondre aux obligations des nombreux goûters d'anniversaire des copains des enfants. Son entregent et son bagout en avaient fait la figure de proue du quartier, la propulsant jusqu'à la présidence de l'Association des commerçants de la rue Mouffetard, à l'issue d'un véritable plébiscite. Elle était intarissable sur les relations obligées avec la mairie du V°, les arbitrages à propos des décorations de Noël et autres festivités, les entraves à la circulation, le nettoyage de la rue, etc. Elle avait le droit aux sourires entendus de ses voisins lorsqu'elle devait tailler la bavette avec Monsieur le maire du V°, Jean Tiberi, toujours flanqué de sa femme Xavière, lors de ses régulières et méticuleuses tournées d'inspection électorale, même bien après qu'ils aient, enfin, été contraints de passer la main...

Brunette aux cheveux courts et aux yeux noisette, Cécile connaissait tous les potins du quartier. Elle les commentait avec gourmandise d'une voix gouailleuse, façon Arletty.

– Hier, vous avez échappé à l'agitation des grands jours, mon petit Yannick, l'interpella-t-elle, sitôt qu'elle le vit pointer son nez derrière la vitrine, comme un chien suivant sa piste quotidienne et marquant inlassablement son territoire.

Elle appelait souvent ses confidents par leur prénom mais sa familiarité s'arrêtait là et le vouvoiement demeurait de rigueur.

– Que s'est-il passé ?

– C'était marée descendante avec un flot ininterrompu de véhicules de pompiers, de police, du SAMU et autres. On se serait cru revenu en mai 68 !

– Mais vous n'étiez même pas née en mai 68, très chère Cécile.

– Vous devriez vous abstenir de draguer à votre âge, mais j'accepte exceptionnellement le compliment parce que c'est vous.

– Si je vous ai bien entendue, hier, c'était marée descendante. Alors, aujourd'hui, ce serait marée haute... calcula-t-il posément, avec un sourire amusé. Allons. Dites-moi, qu'avez-vous pêché ?

– Vous prenez toujours tout avec humour mais, là, il n'y a vraiment pas de quoi. Ravalez votre sourire enjôleur car, mon bon monsieur, il y a eu… mort… d'homme ! énonça-t-elle, en appuyant sur les deux derniers mots.

– Vous en dites trop ou trop peu. Allez, crachez-moi le morceau. L'invita-t-il fermement, comme s'il rejouait la scène de l'interrogatoire.

– Un petit vieux – on peut dire ça quand il y a 85 au compteur – est tombé du septième étage et le résultat n'était, paraît-il, pas beau à voir, précisa-t-elle avec une moue dégoûtée.

– Encore un de vos admirateurs, éconduit peut-être !

– Quand vous saurez qui c'est, vous arrêterez de faire votre jaloux. Il paraît que ce serait le père du restaurateur de la place des Patriarches…

– 'Chez Aristophane' ? aboya-t-il, soudain envahi par une sourde appréhension.

Sans même attendre la réponse, il bredouilla un rapide au revoir avant de reprendre son périple d'un pas plus vif, bien décidé à zapper ses autres escales jusqu'au restaurant de son ami, Yorgos Panantolis. Le manque d'exercice depuis ses derniers mois d'inactivité professionnelle commençait à se faire sentir et c'est un peu essoufflé qu'il pénétra huit minutes plus tard 'Chez Aristophane'.

C'était l'un de ces nombreux restaurants grecs qui avaient envahi le bas du quartier Mouffetard dans les années 80. Seuls demeuraient quelques spécimens, ceux qui avaient su résister aux vagues successives des pseudo Japonais, des 'fast food' et autres 'bio'. Depuis de nombreuses années, Le Clech fréquentait régulièrement cette 'cantine' au point de s'être lié d'une chaude amitié avec Yorgos, le patron. Le restaurateur lui avait même fait l'honneur l'année passée de lui demander de bien vouloir être le 'parrain républicain' de son fils unique, Théophraste, âgé alors de 22 ans.

Dévasté, mais la jouant très professionnel, sans doute pour mieux dissimuler son émotion, tout en l'enserrant dans ses bras, Yorgos l'accueillit par un très cérémonieux 'bonjour Monsieur le Commissaire'.

Yannick lui répondit par une vigoureuse accolade, tout en le réprimandant à l'oreille.

– Je t'ai déjà demandé mille fois de ne pas m'appeler comme cela, à fortiori depuis que je suis à la retraite, dit-il en prenant du recul pour observer son ami.

Aussi grand que Le Clech était petit, c'est-à-dire avec une bonne tête de plus, on pouvait dire de Yorgos qu'il était encore un bel homme. Sa coiffure poivre et sel avec des pattes bien fournies encadrait avec rigueur un visage que dominait une paire de sourcils foisonnants. Aujourd'hui, naturellement, ses yeux étaient gorgés de larmes et sa bouche affaissée sous le chagrin. Laissant retomber l'émotion partagée, Yannick demanda doucement :

– Est-ce vrai ce qu'on me raconte ? Ton père serait tombé hier…

– …de notre terrasse pour s'écraser sept étages plus bas. Hélas, oui ! Nous n'arrivons pas à imaginer ce qui a bien pu se passer. Avec Théo, nous sommes sous le choc, dit-il, retenant un nouveau flot de larmes.

Puis, après un silence embarrassé, balayant du regard la salle du restaurant, encore vide à cette heure, il entraîna son ami vers le fond pour s'excuser de ce qui aurait pu être interprété comme de l'indifférence.

– Et je n'ai rien trouvé de mieux que de venir travailler aujourd'hui pour laisser la place à la police et m'occuper les méninges. Avant d'ajouter : j'ai dû insister pour que ton filleul en fasse autant. Tu sais combien Kostas, son grand-père, était pour lui une légende vivante.

– Comment ton père a-t-il pu glisser de la terrasse ? La dernière fois que je l'ai vu, il avait pour son âge bon pied bon œil. Il se déplaçait sans difficulté. Je ne me souviens pas l'avoir vu avec une canne. Il est vrai que si cette terrasse offre une magnifique vue panoramique sur les toits du quartier, jusqu'à la place d'Italie et les tours du XIII°, elle m'a toujours paru plus que 'limite' en termes de sécurité… D'ailleurs, il s'y déplaçait avec une extrême prudence, notamment quand il donnait à boire à votre forêt vierge… Mais que dit la police ?

– Accident, suicide ou meurtre ? À ce stade de l'enquête, tes collègues préfèrent n'exclure aucune hypothèse ! Permets-moi de te dire que je trouve cela simplement RI...DI...CULE. À mes yeux, seule la thèse de l'accident est envisageable. Papa n'était ni suicidaire ni dépressif. Il affichait, hier encore, une gourmandise certaine pour les choses de la vie ! D'ailleurs, s'il avait dû se suicider, ce ne sont pas les occasions qui lui auraient manqué tant dans sa vie d'adolescent que d'adulte. Quant à l'hypothèse criminelle, dis-moi qui aurait bien pu vouloir tuer aujourd'hui un vieillard de 85 ans à qui on ne pouvait sûrement pas reprocher d'avoir écrasé quelques pieds par goût du pouvoir ou pour bâtir une fortune qu'il n'a jamais faite ?

À ce moment-là surgit des cuisines Théophraste, le visage raviné par les pleurs et hoquets incessants depuis la veille. D'une nature fragile, le jeune homme, au physique d'éternel étudiant, de futur gendre parfait, était visiblement dévasté. Il interrompit son père sans ménagement :

– Sans fortune mal acquise, certes... mais sûrement pas sans ennemis ! souligna-t-il avec force sous-entendus, quêtant du regard un soutien du côté de son parrain qu'il s'empressa d'embrasser.

S'efforçant de dissimuler son impatience et sa contrariété devant ces insinuations, Yorgos lui rétorqua avec fermeté.

– Avec ta manie de voir des complots partout, tu es en train de te monter un scénario sans doute très éloigné de tout ce qu'a pu vivre ton grand-père. Merci de ne pas nous confectionner une de tes histoires abracadabrantes directement issues de tes mangas et autres jeux de rôle numériques. À t'entendre, il s'agirait au moins d'un assassinat... Alors, je suppose que tu vas nous révéler qui a tué Kostas ?

Théo lui répondit avec fureur.

– Faut-il te rappeler le sale rôle joué pendant la guerre par les services secrets britanniques, puis par les Américains, sans oublier les fantômes issus des guerres civiles ou des luttes fratricides entre les divers courants communistes, pendant et après la guerre.

Yorgos soupira.

– Et pourquoi pas aussi l'extrême droite grecque, répondit-il, provocateur.

Sans se laisser démonter, Théo se tourna vers son parrain et le supplia.

– Peux-tu, Yannick, suggérer à tes collègues de prendre en compte les différents épisodes de la sulfureuse histoire de Papou. Cette chute pourrait très bien être le fruit d'une vengeance ou de représailles pour des événements que Papa semble préférer oublier pour je ne sais quelles raisons. Achevat-il les regardant alternativement.

S'efforçant de calmer son fils, Yorgos déclara sans élever la voix alors qu'un jeune couple entrait dans le restaurant.

– Attendons, si tu veux bien, les résultats des observations de la police. Ils m'ont expliqué qu'ils allaient modéliser la chute du corps à partir de sa disposition sur le sol afin de tenter de déterminer s'il a glissé ou s'il a été poussé. Bien sûr, ils ont déjà commencé à collecter d'éventuelles traces de pas ou d'empreintes digitales, de fibres textiles ou de cheveux dans l'ascenseur, notre entrée et sur la terrasse, et amorcé leur collecte d'informations qu'ils tireront peut-être des classiques enquêtes de voisinage, etc. Ce n'est pas toi, Commissaire, qui va me contredire sur la nécessité d'attendre que le processus d'investigation ait été mené à son terme...

Sans laisser à son parrain le loisir de répondre, Théo, qui n'en démordait pas, revint à la charge.

– Il n'a pas pu tomber par accident ! Il a pratiqué cette terrasse des milliers de fois. Il en connaissait chaque centimètre. Il s'y déplaçait en s'agrippant toujours solidement au gardecorps. On l'aura forcément poussé !

Sentant l'échange entre le père et le fils s'envenimer et sans issue palpable à ce stade des investigations, Yannick, contraint peu à peu à jouer le rôle d'arbitre, s'efforça de reprendre la main.

– Paix mes agneaux ! Il y a mieux à faire que de s'écharper sur des hypothèses. Laissez les enquêteurs faire leur travail et attendez leurs premières conclusions. Pour ma part, j'essaierai de savoir où ils en sont. Et puis, je compte me rendre sur place, si vous voulez bien, pour me faire ma propre idée, mais seulement quand mes ex collègues auront débarrassé le plancher.

Reprenant son self contrôle et désignant du menton à son fils un jeune couple qui venait d'entrer pour déjeuner, Yorgos poursuivit à voix basse tandis que celui-ci s'éloignait.

— Tu sais combien Théo adorait son grand-père avec qui il transformait chaque épisode de sa vie en autant d'épopées. L'Odyssée n'est rien à côté ! Il est vrai qu'une présence féminine lui a cruellement manqué puisque sa mère, que tu n'as pas connue, est décédée pendant l'accouchement. Je dois reconnaître que son épanouissement entre deux hommes et d'épisodiques baby-sitters en ont fait un enfant un peu renfermé et livré à son imagination débordante. Mon père et moi avons fait ce que nous avons pu pour l'élever mais je me permets d'insister sur le fait qu'il a une fâcheuse tendance à affabuler.

— Je te trouve un peu dur, surtout dans ces circonstances. Personnellement, je suis très fier de mon filleul qui a su rondement mener ses études qui, si je ne me trompe, vont prochainement trouver leur plein épanouissement avec son diplôme d'architecte à l'École nationale d'architecture de Paris-Val de Seine. Et tu as bien de la chance, qu'à son âge il vienne, sans rechigner, te donner un coup de main au restaurant chaque fois qu'il en a le temps, plutôt que se balader et boire des coups avec les copains. Il est bien normal que l'expression de son chagrin prenne une autre forme que la tienne. Sois indulgent et patient.

— Tu as sans doute raison, convint Yorgos avec amertume.

Puis, tirant une table pour permettre à Yannick de s'asseoir, il demanda :

— Tu manges quelque chose ?

— Pas aujourd'hui. J'ai un après-midi qui s'annonce chargé. Je te propose de passer jeter un œil à l'appartement jeudi soir après votre fermeture. Nous pourrons en profiter pour poursuivre au calme cet échange avec toi et mon filleul.

Faisant mine de ne pas remarquer la déception de son ami, il demanda en baissant la voix, alors que d'autres clients entraient dans le restaurant et s'installaient à une table proche.

– Quand auront lieu les obsèques ? Les sacrements lui seront-ils administrés à la '*Mikri Ekklissia*' (Petite Église) de la rue La Ferrière dans le 9e ou à la cathédrale orthodoxe Saint Stéphane, dans le 16e.

– Ni l'une ni l'autre, même si je ne doute pas que Kostas attirerait autant de monde que Maria Callas en 1977, galéja Yorgos, sans hésitation.

Puis, il ajouta à voix basse, sur le ton de la confidence.

– Juste après notre arrivée à Paris en 1982, papa m'avait fait lui promettre un enterrement 'strictement civil'. En effet, le comportement de la hiérarchie orthodoxe en diverses occasions, en particulier pendant la dictature des colonels, l'avait conduit à prendre plus que ses distances avec l'Église. De toute façon, dois-je rappeler à Monsieur le Commissaire la procédure habituelle en la matière ! Au mieux, la police ne nous rendra le corps qu'une fois l'autopsie réalisée. Nous verrons alors où et quand nous pourrons procéder à son incinération. A jeudi soir, mon ami. Merci pour ton soutien.

Chapitre III

Mardi 18 novembre 2008

S'éloignant rapidement du restaurant, Yannick commençait déjà à gamberger tandis qu'il remontait la rue Mouffetard. Fidèle à ses méthodes d'investigation, il tenta de dresser un premier état de ce qu'il savait de la vie de Kostas. Mais, il dut se rendre très vite à l'évidence : il ne savait pas grand-chose ! Certes, il se souvenait de maigres faits. Yorgos lui avait rapporté occasionnellement, sans entrer dans les détails, que son père, tout jeune, était entré au Parti communiste grec lorsqu'il s'était engagé dans la résistance. Il avait donc activement participé aux combats face aux envahisseurs italo-bulgares puis allemands, puis britanniques. Il avait été impliqué dans les guerres civiles successives. Il avait connu les camps de concentration, l'exil vers la France…

Kostas avait même un jour fait à Yannick la confidence qu'il avait fondé beaucoup d'espoir dans la démarche d'Union de la Gauche et que l'arrivée au pouvoir de François Mitterrand en 1981 avec l'entrée de ministres communistes au gouvernement l'avait motivé à quitter la Grèce pour s'installer à Paris, l'année suivante, avec ce qu'il lui restait de famille ! Et il avait ajouté que, même si les choses n'avaient pas tourné comme il l'espérait, il ne le regrettait pas, sans émettre le moindre commentaire ni le plus petit remords.

Yannick savait aussi que certains des épisodes de la vie du grand-père suscitaient une admiration sans bornes de Théo pour son 'papou'. Mais il n'y avait pas là une once d'éléments solides pour lui permettre d'esquisser la plus petite hypothèse.

Élargissant le cadre de ses réflexions tandis qu'il poursuivait sa marche, il s'efforça de chercher au plus profond de sa mémoire le nom de quelques divinités grecques, même s'il avait tendance à ne pas toujours faire la distinction avec les divinités romaines. De toute façon, il se rassura en se rappelant qu'il y en avait nettement moins que les 2300 dieux bretons… Aphrodite, Éros, d'accord ! Mais Zeus était-il romain ou grec, se demanda-t-il, avec une certaine honte ? Puis il s'autorisa à abandonner l'exploration de la mythologie pour s'égarer dans le méandre des incessantes batailles entre Grecs et Ottomans. Finalement, il reprit un peu pied en se remémorant les péripéties qui avaient marqué la préparation des derniers Jeux olympiques de 2004 qu'il avait suivis à la télévision…

Enfin, il se rappela confusément qu'à la fin des années soixante, alors qu'il était encore étudiant, ses parents s'étaient associés au boycott qui poussait alors de nombreux Français à bouder les vacances en Grèce pour ne pas apporter le plus petit soupçon de soutien à la dictature dite des 'colonels'.

Il n'y avait pas de quoi échafauder des théories, se dit-il, alors qu'il était arrivé à hauteur de la librairie 'L'Arbre des voyageurs', escale qu'il avait été contraint de shunter à l'aller. Un arrêt s'imposait donc. D'autant plus qu'il pourrait peut-être y dénicher un ou deux ouvrages d'une lecture accessible sur l'histoire contemporaine de la Grèce.

En cherchant bien, le libraire lui dénicha en Livre de poche, '*Un appartement à Athènes*' de Glenway Wescott qui retraçait la confrontation d'une mère avec l'officier allemand qui partageait leur logement réquisitionné. Peu tenté, Yannick, qui laissait traîner son regard sur les rayonnages, ne put résister à l'envie d'acheter le "*Dictionnaire amoureux de la Grèce*" de Jacques Lacarrière, au titre évocateur.

Demeurant cependant insatisfait par sa collecte, il se décida à poursuivre son chemin et à redescendre la montagne Sainte-Geneviève jusqu'à la rue des Écoles pour rechercher chez L'Harmattan des livres plus érudits. La récolte prit enfin de la consistance. Sans tergiverser, il se porta acquéreur d'un ouvrage récent de Joëlle Dalègre intitulé "*La Grèce depuis 1940*", et, compte tenu du passé de Kostas, un livre plus ancien de Christophe Chiclet, "*Les communistes grecs dans la guerre*".

Rassuré de pouvoir combler une partie de ses lacunes, il retourna chez lui pour se lancer dans ce rattrapage intensif. De toute façon, il lui faudrait amener son ami Yorgos à fouiller dans ses souvenirs, afin de lui dévoiler sans retenue ce qu'avait été la vie de Kostas, jusque et y compris ce qu'il semblait vouloir dissimuler à son fils. Ce n'est qu'à ce prix qu'il pourrait essayer de recenser de 'possibles mobiles' à un 'éventuel meurtre' et corroborer ou laver les doutes de son filleul.

Chapitre IV

Mercredi 19 novembre 2008

Théo avait péniblement passé toute la journée de la veille au restaurant dans un face à face tendu avec son père. Chacun demeurait emmuré dans son chagrin, jetant à l'autre, entre deux clients, des regards lourds d'incompréhension. Aussi, ce matin, il avait pris sur lui et décidé de retourner à la vie en replongeant dans ses cours d'archi. Ce serait, espérait-il, une bonne façon de ne pas ressasser leurs divergences. Même s'il lui faudrait pour cela affronter ses copains et leurs questions embarrassées, mais cela lui parut sans doute plus facile à supporter qu'une nouvelle séance de soupe à la grimace.

Il avait été parmi les premiers à utiliser les *Vélib'* lors de leur apparition l'an passé et il les chevauchait depuis, quasi quotidiennement, pour se rendre à l'ENSA Paris-Val de Seine, dans le XIII°, près du boulevard Masséna. Il appréciait ce parcours qui lui faisait rejoindre les quais à Austerlitz et longer la Seine en direction d'Ivry.

L'école était installée depuis deux ans dans un bâtiment industriel à ossature métallique de 1891, réhabilité, et un bâtiment flambant neuf, suivant un projet de l'architecte Frédéric Borel. Théo s'était senti parfaitement à sa place dans l'enseignement qu'on y prodiguait. Ayant pris conscience de ce qu'une partie de la Grèce était située à la rencontre de deux plaques tectoniques qui provoquaient régulièrement des séismes plus ou moins meurtriers, il avait tout naturellement opté pour un diplôme de spécialisation et d'approfondissement en architecture (DSA) sur le thème "architecture et risques majeurs".

Lorsqu'il arriva sur le parvis de l'école, il fut entouré par plusieurs de ses copains qui lui prodiguèrent affection et soutien.

– J'ignorais que ton grand-père était malade... s'excusa Nicolas, à qui les circonstances du décès de Kostas avaient échappé.

– Comment un tel accident peut-il arriver ? s'étonna Maxime, son meilleur ami, renforçant sans le vouloir les convictions de Théo qui s'était promis de se retenir de les évoquer et entendait bien ne leur livrer d'autre version que celle de la police.

– Merci de vous associer à ma peine. Je sais que je peux compter sur vous. "Accident, suicide ou meurtre", c'est sur cette base que l'enquête de police est en cours. Je vous préviendrai sitôt qu'on saura le lieu et l'heure des obsèques et les éventuelles conclusions de l'enquête, avait-il ajouté, se forçant à sourire tandis qu'ils se dirigeaient tous ensemble vers leur salle de conférence.

Avait-il présumé de sa capacité à dissimuler son chagrin, de son aptitude à récupérer après deux nuits de totale insomnie, de sa force à digérer ses désaccords avec son père ? Pourquoi diable fallait-il que ce dernier rejette catégoriquement ses moindres idées ou suggestions ? Qu'avait-il vécu et quel sourd secret lui cachait-il ? Même à son ami, Yannick ! Autant de questions sans réponse tandis que la tectonique des plaques africaine et eurasiatique entamait son pas de danse sur grand écran durant le cours sur 'la gestion des risques naturels'.

C'était plus que ses yeux ne pouvaient supporter. Le coup de grâce lui fut porté par la vision du tsunami qui avait submergé en 1956 autour d'Amorgos, les îles d'Anafi, Naxos, Patmos, Paros et Santorin, avec des vagues de vingt mètres de haut. Toujours est-il que chahuté, chaviré, bouleversé, il fut obligé de quitter précipitamment l'amphi pour se ruer aux toilettes et y régurgiter le petit-déjeuner qu'il avait eu tant de mal à absorber et la bile accumulée au cours de ces dernières 48 heures. Muriel et Thomas, ses partenaires et complices avec lesquels il travaillait à divers rendus de projets, l'avaient suivi jusqu'aux toilettes : ils insistèrent pour le raccompagner chez lui où ils restèrent en sa compagnie jusqu'à ce qu'il s'endorme et que Yorgos, rentrant du restaurant, prenne le relai.

Chapitre V

Jeudi 20 novembre 2008

Libérés de leurs derniers clients, les bistrots de la rue Mouffetard rentraient chaises et tables pour la nuit tandis que des clochards se disputaient quelques restes dans les poubelles de leurs cuisines.
Espérant que Yorgos et Théo n'avaient pas été retenus par d'ultimes fêtards, Le Clech s'approcha de leur immeuble, auscultant du regard les sept étages de briques qui dominaient le square Vermenouze. L'obscurité ne permettait guère de distinguer leur terrasse, surplombant le dernier étage. Seules deux ou trois fenêtres étaient encore éclairées à cette heure, au premier et au quatrième, tandis qu'au second des lueurs mouvantes d'une télévision agitaient ombres et lumières.
Yannick, qui avait oublié le code, dut sonner à l'interphone. Supputant que c'était son ami, Yorgos n'attendit pas qu'il s'annonce pour libérer la porte. À cet instant, le Commissaire remarqua sur le côté une plaque qui lui avait échappé lors de ses précédentes visites. Elle imitait une plaque professionnelle et indiquait : "*Dans cet immeuble, un occupant regardait plus souvent l'écran de son Smartphone que le visage de sa femme*". Cet avertissement lui arracha un sourire de compassion tandis qu'il pénétrait dans le hall.
Deux marches le séparaient d'une deuxième porte avec un autre interphone permettant d'obtenir enfin l'accès à l'ascenseur. Cet appareil était constitué d'une cage rectangulaire, en grande partie en métal brut avec quelques vitres sales et une grille bruyante qui coulissait sinistrement sur son rail : cet ancien monte-charge reconverti avait dû échapper à toute tentative de mise aux normes, se dit-il. Il avait toujours suscité sa curiosité, réveillant chez lui images et sons directement issus des films d'horreur des trois Stooges qu'il affectionnait dans sa jeunesse. Sur le tableau de commande, des traces blanches témoignaient du relevé d'empreintes digitales par la police, même si le

meurtrier, s'il existait, avait certainement pris la précaution minimale de porter des gants.

Parvenu au dernier étage, la grille s'ouvrit sur Yorgos qui attendait son ami sur le palier. Alors qu'il semblait vouloir le conduire au salon où Théo était prostré devant un poste de télévision dont le son avait été coupé, Yannick l'interrompit d'un geste pour se diriger sans attendre vers la terrasse. L'accès en était barré par une banderole en plastique où le mot 'POLICE' était répété à l'infini. Il passa en dessous en prenant soin de ne pas accrocher son catogan, gravit les trois marches qui menaient à une porte vitrée derrière laquelle se trouvait une première terrasse, toute petite, qu'une table ronde et deux chaises suffisaient à remplir. De là, il fallait ensuite grimper par un escalier métallique raide aux marches ajourées dignes d'une raffinerie jusqu'à une terrasse aménagée pour couvrir toute la surface de l'immeuble. La végétation y était foisonnante, composant une sorte de muraille verte qui laissait peu d'espace ouvert sur le vide ou les voisins immédiats. Une surprenante baignoire trônait dans un coin, apparemment inutilisée, du moins en cette saison. Le tout était ceinturé d'un garde-corps métallique qui avait été rehaussé sur presque toute sa longueur d'un filet textile vert, genre filet de tennis, dont la fonction avait sans doute été initialement d'éviter la projection intempestive des jouets d'enfants.

Demeuré sur la dernière marche de l'escalier, Yorgos, qui observait attentivement son ami, se contenta d'allumer l'éclairage composé d'une kyrielle de lampions, à la façon d'une fête foraine. Sans pénétrer plus avant pour ne pas risquer de détruire des traces utiles, Yannick inspecta les lieux, essayant d'imaginer ce qui avait bien pu se passer. Il releva diverses marques sur le sol de la terrasse qui était constitué de planches de bois légèrement écartées pour laisser filtrer l'eau de pluie sur le zinc du toit. En un point du garde-corps, celui qui avait apparemment été retenu par la police comme l'endroit d'où le corps était tombé, la scène avait été protégée d'un film plastique transparent.

Il se garda de s'approcher davantage et, retournant vers l'appartement, il déclara :

– Je referai une visite minutieuse de jour quand mes ex collègues auront libéré les lieux. Il ne fait pas chaud. Rentrons. D'ailleurs, je boirais bien quelque chose.

– Allons dans la cuisine. Théo va finir par s'endormir. Moi aussi, je prendrai bien un petit remontant, renchérit Yorgos.

– Tu te doutes bien que je n'ai pas le droit de me mêler de l'enquête, lui rappela l'ancien commissaire en redescendant vers l'appartement. Je suppose qu'il y a eu dans la vie de ton père des événements ou des personnages auxquels la police ne va peut-être pas s'intéresser mais qui pourraient le cas échéant ouvrir des pistes, notamment si la thèse de l'accident n'était pas retenue. Il faudra que tu me rapportes tout ce qui pourrait me permettre de mieux cerner sa vie et également de saisir ce qui, parmi ces différents événements ou personnages, peut conduire Théo à privilégier la thèse du meurtre sur celle d'un suicide, voire d'une chute accidentelle.

Chapitre VI

Alors qu'il préparait une infusion accompagnée d'un incontournable verre de *'souma'* et d'une généreuse part d'une *'portocalopita'* rapportée du restaurant, Yorgos amorça lentement son récit, laissant par moment sourdre l'émotion à l'évocation de ses souvenirs.

– Tu trouveras dans notre bibliothèque quelques présentations plus précises et référencées que celles que je pourrais te rapporter. Je me garderai bien de te faire un cours, mais il est essentiel que tu appréhendes le contexte historique de la naissance et de la vie de la famille Panantolis. J'essaierai de faire court.

– C'est ce que disent en préambule les conférenciers et ce qu'ils ne font jamais. Mais je t'écoute attentivement, lui confirma Yannick.

– Rassure-toi, je ne remonterai pas jusqu'à l'Antiquité, mais seulement à la libération de la Grèce de la domination ottomane, en 1828, après une guerre d'indépendance de sept ans ! Désarmées, les classes dirigeantes grecques avaient pour principal problème leur survie, alors que le pays, avec son agriculture montagnarde et très peu d'industries, n'était pas économiquement viable et ne subsistait déjà qu'avec les prêts des puissances protectrices, des prêts qui venaient gonfler inexorablement sa dette extérieure. Et, en 1897, après l'échec d'une nouvelle guerre contre l'Empire ottoman, la médiation des pays alliés a conduit à la mise en place à Athènes pour contrôler le budget de l'État d'une Commission financière internationale composée de représentants britanniques, français, allemands, italiens et autrichiens.

– Cinq pays, ce n'est pas une 'troïka' mais ça y ressemble ! On dirait que l'histoire bégaye, ne put s'empêcher de penser à voix haute, Yannick.

– Tu as malheureusement raison, convint Yorgos, souriant à l'évocation sournoise de la situation présente. La prétendue indépendance de la Grèce n'était possible qu'au prix d'une tutelle politique et financière de Londres, attentive à verrouiller la Méditerranée orientale par où transitait son commerce vers et depuis le Moyen-Orient et les Indes. Dans cette logique, la couronne britannique avait imposé à la Grèce, en 1832, son premier roi, Othon de Bavière, qui fut suivi par six souverains de la dynastie Glüksbourg… jusqu'à l'abolition de la monarchie en 1974. Comme la classe dirigeante dépendait étroitement des intérêts étrangers, c'étaient les rivalités de clans qui animaient la vie politique, chacun rattaché à un 'protecteur' et agissant selon les intérêts anglais, français ou russes. Tu imagines sans peine que ces intérêts naturellement contradictoires les conduisaient à devoir faire fréquemment le grand écart. Quand Paris et Londres craignaient une mainmise russe sur les détroits et le Sud-Est européen, Saint Petersburg aspirait à prendre la place des ottomans, en s'appuyant notamment sur la parenté religieuse avec les orthodoxes grecs. La première guerre mondiale fut une parfaite illustration de ces tiraillements : tout en mettant une partie de sa flotte commerciale au service de l'Entente, la Grèce prétendit s'inscrire dans une neutralité inconfortable… jusqu'à ce que le Roi, favorable aux Allemands de par ses origines, les laisse entrer en mai 1916. À la tête du parti libéral, le Premier ministre, Eleuthérios Venizélos démissionna… avant de reprendre le pouvoir, un an plus tard, tandis que le roi Constantin était contraint de quitter le pays pour la Suisse.

– C'est le jeu des chaises musicales, commenta Yannick.

– Bien vu ! D'ailleurs, en octobre 1920, le gouvernement conservateur a rappelé Constantin sur le trône et repris ses opérations militaires en Asie mineure. Tu ignores sans doute que les communautés hellènes étaient alors nombreuses jusqu'aux rives de la mer Noire et que l'armée grecque occupait Smyrne – aujourd'hui nommée Izmir - et toute l'ancienne Ionie. De son côté, le général turc Mustafa Kemal s'était engagé dans une guerre d'indépendance afin de lutter contre les occupations étrangères. Après avoir obtenu de Lénine et Staline le gel des frontières transcaucasiennes qui n'ont pas varié jusqu'à ce jour, il a jeté les Grecs à la mer en septembre 1922. Envahie par les Turcs, Smyrne fut la proie des flammes.

– Cela a marqué la fin de l'hellénisme en Asie Mineure et marqué le début de la jeune république turque avec la signature du Traité de Lausanne, si je ne me trompe ? tenta Yannick.

– Le 24 juillet 1923, monsieur le commissaire ! asséna Yorgos, un instant dérouté par tant de connaissances de la part de son ami. Seulement voilà, après les massacres des dernières guerres, il restait encore en Anatolie plus d'un million de Grecs, bien obligés de fuir pour rentrer dans leur mère patrie bien qu'elle fut exsangue. De fait, ils ont été échangés contre le demi-million de Turcs qui vivaient en Macédoine ! Et, parmi ces exilés de force, figuraient mes grands-parents, Agaton et son épouse, Adriani, nés respectivement en 1895 et 1900, et leur fils Kostas qui venait de naître…

– Donc, Agaton, Adriani et Kostas sortent du territoire turc… résume Yannick pour tenter de replacer Yorgos sur des rails plus familiaux.

– …sans rien d'autre à emporter que les reliques des ancêtres et Kostas dans ses couches. Ils sont arrivés à Athènes dans un quartier créé au nord à l'intention des nouveaux arrivants et baptisé du nom de cette région d'Asie mineure occidentale d'où ils avaient été chassés : 'Nea Ionia'. C'était un ensemble de lotissements de modestes bâtiments identiques sur deux étages, un par famille, avec des balcons sur rue et une petite cour. Il faut noter que l'accueil des Grecs de souches ne fut pas des plus chaleureux : ils observaient avec un certain mépris ces nouveaux arrivants qu'ils affublaient de surnoms peu flatteurs dont je t'éviterai l'énumération. Ils allaient même jusqu'à traiter de 'putes' les femmes, souvent des veuves de soldats, en raison de leur accoutrement. Et la famille Panantolis n'échappa pas à l'appellation méprisante *'yaourtovaptisméni'* qu'utilisaient les autochtones à leur propos.

– Ce qui veut dire ? interrogea Yannick.

– Baptisés au yaourt… Parce qu'ils en mettaient dans leur cuisine, comme les Turcs, d'ailleurs. Tu vois l'ambiance ! Bref, papa a un an quand Vénizélos reprend le pouvoir une nouvelle fois et que la République est proclamée dans la foulée…

− Je doute que Kostas ait réalisé le changement, ironisa Yannick. Venons-en aux faits, s'il te plaît !

− Mais c'est essentiel, l'ami, si tu veux saisir ce que cela a impliqué pour sa famille, protesta Yorgos,

− Soit. Vas-y mais simplifie au maximum, je t'en supplie.

− Les débuts de la République ont été chaotiques : dix gouvernements, onze coups d'État militaires, trois élections, une dictature en seulement quatre ans ! Face à un mouvement ouvrier alors en gestation, la bourgeoisie grecque ne parvenait à maintenir son pouvoir que sous la tutelle et la protection de l'armée. Un fort arbitraire de l'État sévissait, étroitement imbriqué à la corruption, au favoritisme et au népotisme, contribuant ainsi à l'émergence du système 'clientéliste' dont les principes perdurent encore aujourd'hui. À défaut d'une économie viable, il fallait pour assurer le fonctionnement de l'État entretenir une pléthore de parasites à tous les niveaux sociaux, prodiguant ainsi une forme de redistribution pour assurer une relative paix sociale. C'est cette année-là que le Parti socialiste ouvrier devint le Parti communiste de Grèce/KKE.

− Soit peu de temps après la création du Parti communiste français à l'issue du Congrès de Tours de la SFIO en 1921, énonça Yannick sans hésitation.

− Décidément, tu me surprendras toujours. Je ne te savais pas si féru d'histoire politique, s'étonna Yorgos, avant de prédire qu'il trouverait d'autres concordances entre les deux partis qui connurent cependant des destins bien différents.

− Avançons, s'impatienta Yannick.

− Du haut de ses 29 ans, Agaton s'est empressé d'adhérer au Parti communiste grec avec l'enthousiasme suscité par les promesses d'un monde nouveau et l'espoir porté par la Révolution russe. Il y a très rapidement pris du galon. La jeunesse et l'adolescence de Kostas ont baigné dans l'apprentissage par son père et ses camarades des thèses communistes. Toi qui as vécu l'engagement des Bretons face au pouvoir central, tu peux imaginer sans peine l'excitation d'Agaton de participer à la naissance d'un parti politique et sa fierté d'avoir contribué avec ses camarades à l'élaboration de son programme. Kostas a souvent évoqué avec moi les interminables réunions et débats qui se tenaient chez eux, leurs espoirs de créer un pouvoir populaire démocratique, l'ambition de constituer un large front antifasciste et le rêve de conquérir le pouvoir par les seules urnes. Tu ne seras pas surpris d'apprendre qu'ils proposaient DÉJÀ l'annulation de la dette grecque, la nationalisation des banques et des grandes entreprises, notamment étrangères, une réforme agraire avec la confiscation des grandes propriétés foncières, la séparation de l'Église et de l'État…

– Vaste et ambitieux programme, sans doute étroitement en ligne avec Moscou, résuma Yannick. On pourrait vraisemblablement poursuivre le parallèle avec les débuts du Parti communiste français. Mes connaissances sont plus modestes que les tiennes, mais je me souviens de ce que disait l'une des figures les plus marquantes du communisme français au XXe siècle, Marcel Cachin. Il était Breton, même bretonnant au point de faire des discours dans cette langue en pays bigouden. Marqué par la tradition démocratique et parlementaire du socialisme français, il avait cru aux promesses de la Révolution Russe et considéré que l'unité de l'Internationale socialiste ne pouvait se faire qu'autour du Kominterm et de Moscou, et qu'il fallait agir dans ce sens parce qu'ils avaient montré le chemin et déjà accompli une moitié de leur tâche !

– Bravo. Je suis bouche bée, affirma Yorgos sans lâcher le fil de l'Histoire. 1928 a vu le retour du Parti libéral et de Venizélos qui, en trois ans, a entrepris d'importantes réalisations, notamment des travaux d'infrastructure, une réforme agraire, une tentative d'industrialisation, une réforme de l'éducation nationale…

– En voilà un qui aura laissé son nom, au moins au nouvel aéroport d'Athènes ! releva Yannick, pour valoriser ses connaissances hors du champ politique.

– Sans aucun doute, concéda Yorgos, totalement focalisé sur son récit. Mais la crise économique des années 1930 a plongé dans la misère les ouvriers, d'importantes franges de la paysannerie, de l'artisanat et du petit commerce. De 1931 à 1933, grèves et manifestations se sont multipliées, des manifestations auxquelles, malgré son jeune âge, Kostas fut parfois autorisé par sa mère à les accompagner. Certaines furent durement réprimées.

– Ça ne me paraît pas très raisonnable d'emmener un garçon de dix ans dans des manifestations ! Comment Adriani a-t-elle pu le permettre ? s'étonna Yannick.

– Agaton voyait là l'occasion de former son jeune fils aux enjeux de société. Naturellement, Kostas avait l'obligation de ne lâcher la main de sa mère sous aucun prétexte. Jugeant que l'agitation sociale déstabilisait le pays, la classe dominante, républicains et monarchistes confondus, a pris peur et le pouvoir n'a pas tardé à promulguer des lois d'exception anticommunistes et à faire appel à l'armée. En 1934, conservateurs et libéraux ont repris leurs conflits fratricides avec force assassinats politiques et coups d'État. En s'abstenant aux élections, les libéraux ont laissé le champ libre aux conservateurs et aux royalistes. Six mois après, une junte d'officiers supérieurs renversait le gouvernement puis organisait un référendum conduisant au retour d'un 'roi arbitre', George II… Plutôt un plébiscite, se reprit-il. Un an plus tard, une nouvelle tentative de coup d'État militaire a débouché sur un début de guerre civile de quelques jours, sévèrement réprimée : plus de mille officiers ont été chassés, emprisonnés ou exécutés. Venizélos a dû quitter le pays tandis que le Parlement s'avérait incapable de créer une majorité claire de gouvernement.

– J'ai même lu que son effigie avait été brûlée en place publique, glissa discrètement Yannick.

Imperturbable, Yorgos poursuivit.

– Cependant, la colère du peuple grec grondait et un an plus tard, de nouvelles élections ont permis l'entrée d'une quinzaine de communistes au Parlement ! Tu te doutes bien que la famille Panantolis a laissé éclater sa joie ! Kostas n'avait que 13 ans mais il comprenait bien quand son père lui expliquait que ce score résonnait comme un séisme chez les bourgeois et les classes moyennes grecques.

– La réaction n'a pas dû tarder bien longtemps, supposa Yannick.

– En effet, après une grève générale qui a provoqué 30 morts et 300 blessés à Thessalonique, le roi a nommé un cabinet extra parlementaire qu'il a confié au général Ioannis Metaxás. Pour sauver la Grèce des catastrophes qui la menaçaient, cet admirateur déclaré de l'Allemagne national socialiste a installé son '*régime du 4 août 1936*'. Il s'agissait en fait d'une dictature calquée sur le III° Reich. Et tour à tour, il a prononcé la dissolution du Parlement, des partis politiques, la suspension des libertés constitutionnelles avec la loi martiale, la création d'un équivalent grec de la Gestapo allemande, '*Asfalia*'. Alors que la population subissait cette dictature avec une relative passivité, une exagération très orchestrée d'un 'danger communiste' s'est accompagnée d'une répression brutale : plus de 50 000 personnes, dont Agaton, âgé alors de 41 ans, furent arrêtés, déportés dans les îles ou tués.

– En France aussi, après son entrée en guerre à la suite du pacte germano-soviétique, le PCF a été combattu en 1939 par le gouvernement Daladier qui a prononcé sa dissolution, interdit sa presse, levé l'immunité parlementaire de ses députés… rappela Yannick. Mais revenons à Kostas, dit-il pour recentrer le propos. Une fois son père arrêté, que pouvait-il faire, à part prodiguer affection et soutien à sa mère ?

– Pas grand-chose, il est vrai, mais cet adolescent avait largement de quoi s'inquiéter en voyant que les militants communistes étaient persécutés. La rumeur s'amplifiait à propos des tortures subies par les prisonniers à seule fin de leur arracher la délation d'autres opposants. Kostas mesurait bien qu'Agaton avait été emprisonné seulement pour ses idées mais il ne comprenait pas ce que voulait ce régime qui prétendait synthétiser les valeurs païennes de l'ancienne Grèce, particulièrement celles de Sparte, avec les valeurs chrétiennes de l'empire médiéval de Byzance ! Et, quand Metaxás créa l'EON/Ethniki Organosi Neolaias, un outil d'embrigadement national de la jeunesse, fondée sur l'amour de la patrie, la valeur et la croyance dans la continuité du sang hellénique…

– Ce n'était là que la version grecque des Jeunesses hitlériennes, le coupa Yannick, avant d'ajouter, se référant à ses très récentes lectures, mais ton Metaxás n'était-il pas convaincu – comme d'ailleurs encore certains de tes contemporains aujourd'hui, si l'on en croit la presse – de la supériorité de la 'race grecque', une race 'élue des dieux', une 'race immortelle'. C'était oublier un peu vite que, comme d'autres nations, elle était le fruit d'un mélange de populations diverses, les Arvanites, les Valaques, les Levantins, les Slaves, les Bulgares… On est bien loin d'Homère, Périclès ou Aristote, tu ne trouves pas ? dit-il, le sourire en coin, afin de titiller son ami.

– Ce n'est pas un fieffé breton qui enrichit sa culture à coup d'albums *Astérix aux Jeux olympiques* qui va me donner des leçons d'histoire, le rabroua Yorgos, accompagnant sa protestation d'une bourrade. L'idée de 'Nation grecque' puise ses racines au XI° siècle, à partir du schisme et de la séparation de l'Église orientale orthodoxe des Patriarches et Empereur de Constantinople du Catholicisme occidental, dirigé par le Pape. Mais tu ne m'entraîneras pas sur ce terrain-là. Ne nous égarons pas ! Alors qu'il ignore où son père est emprisonné et que sa mère craint de l'être également, Kostas découvre avec stupeur et inquiétude que son cousin, Stavros, qui n'a que deux ans de plus que lui, s'est laissé séduire par les doctrines d'EON et a endossé l'uniforme. Cette trahison mettra fin à leur amitié et marquera à jamais leurs histoires.

– En supposant que la police retienne l'hypothèse de l'assassinat de Kostas, si ce Stavros avait 16 ans en 1937, il aurait aujourd'hui… quelque chose comme 87 ans ! calcula rapidement Yannick. Quelles que soient les qualités du régime crétois qui produit un nombre imposant de centenaires grecs, cela en fait-il à tes yeux un suspect crédible ? s'assura-t-il par acquit de conscience. Et si ce Stavros ne l'a pas tué lui-même, aurait-il pu télécommander à l'un ou l'autre de ses descendants ou affidés cette opération punitive ?

– Sans doute pas, mais les occasions ne leur manqueront pas d'en découdre plus tard. De toute façon, Stavros est mort…

Théo, qui s'était réveillé, s'engouffra sans ménagement dans la conversation.

– Du moins, c'est ce que certains ont bien voulu prétendre. Cette version que tu sembles partager aura permis à ses victimes d'enterrer leur rancœur…

– Mais que devient Agaton dans tout ça ? énonça Yannick avec fermeté, excédé par ce dérapage de la conversation.

– J'y viens, si je peux ! De grâce, Théo, laisse-moi raconter ces événements à ton parrain, sans m'interrompre pour développer tes thèses imaginaires.

Un silence pesant s'installa jusqu'à ce que Yorgos veuille bien reprendre son récit.

– Pour éloigner ses opposants, le pouvoir avait à sa disposition tout un réseau d'îles. Il fallait juste qu'elles soient ni trop grandes ni trop petites et suffisamment isolées les unes des autres pour que rien ne transparaisse à l'extérieur, et qu'elles soient dotées d'une ou deux criques permettant l'abord d'un caïque. Agaton fut déporté sur l'une d'elles : l'île d'Ikaria, une île relativement importante mais peu peuplée. Quelque 13 000 communistes ou apparentés y ont ainsi été déportés au fil des années par ses habitants avec lesquels ils ont tissé des liens souvent étroits, car accueillis davantage en hôtes qu'en parias, à tel point que l'île est surnommée 'l'île rouge', aujourd'hui encore. Mais elle doit naturellement son nom et sa célébrité au mythe d'Icare…

– Mon dieu, mais c'est bien sûr ! s'exclama Yannick. Cet Icare, fils de Dédale, qui a tenté de s'enfuir du labyrinthe du palais de Knossos en Crète, en s'envolant grâce à des ailes collées à la cire d'abeille, lesquelles en fondant…

– …ont provoqué son irrémédiable amerrissage, non loin de cette île. Bravo Commissaire, le félicita Yorgos. Et, figure-toi que, tout comme Icare, Agaton est parvenu à s'échapper d'Ikaria… mais plus sagement sur une embarcation de fortune. Naturellement, pas question pour lui de rentrer à la maison, car Adriani et Kostas étaient sûrement dans la mire de la police. Après un dangereux périple, par petites étapes nocturnes, il a fini par trouver refuge en Macédoine où il fut rattrapé par la guerre.

– Grand-père m'a raconté plusieurs fois l'évasion d'Agaton sur laquelle je ne vois rien à ajouter, confirma Théo à regret. Bon, si vous voulez bien, je vais aller me coucher car ma version de l'histoire grecque serait probablement jugée partisane par papa qui t'en fournira une version incontestablement officielle…

Surpris par cette nouvelle pique et en l'absence de protestation de la part de Yannick, Yorgos, vexé peut-être, proposa que l'on en reste là et que l'on poursuive dimanche prochain.

– D'accord, tu me raconteras la guerre vue par ton grand-père… mais Théo aussi qui pourra compléter ou apporter des bémols à ton récit…

– …avec sa propension à exagérer et à voir partout la main des dieux ou du diable. Il a puisé dans les récits de Kostas, plus ou moins enjolivés, une admiration sans bornes pour son 'papou', comme on appelle le grand-père chez nous, rappela Yorgos.

– Je sais çà, mon ami. Il ne faudrait quand même pas se laisser aller à croire que le Breton est ignare.

– Bon, bon, ne te vexe pas… N'oublie pas que ton filleul est né en France d'une mère française qu'il n'a pas connue et de moi, son père grec mais totalement immergé en France depuis 1982. Bien que Français, il est en quête permanente de 'ses' racines grecques, quitte à s'en inventer. Bonne nuit, ami. À dimanche prochain, acheva-t-il, sans chercher à dissimuler un certain abattement.

Chapitre VII

Samedi 22 novembre 2008

Yannick avait tout son samedi pour se préparer à entendre la suite de l'histoire d'Agaton et de Kostas. Il entreprit de s'y préparer en lisant le livre sur les communistes grecs qu'il avait acheté. Il pourrait peut-être gagner du temps si certains épisodes de l'Histoire grecque lui étaient déjà connus et ainsi permettre à Yorgos d'aller à l'essentiel sans se noyer dans les détails, même si l'expérience récente lui permettait d'en douter un peu.

En feuilletant son nouvel ouvrage, Yannick apprit que la résistance des Grecs face aux Italiens fut au départ une résistance de tout le peuple, derrière son armée jusqu'à l'entrée des Allemands sur le territoire, en avril 1941. Les premiers résistants étaient des maquisards (*andartes*) qui s'inscrivaient dans les traditions montagnardes de leurs ancêtres, ces bandits d'honneur chrétiens des Balkans chez qui l'arme blanche tenait une place de choix dans leurs luttes contre les Turcs en 1821. Une première organisation, dénommée *Elefteria* (liberté), fut créée à Salonique, suivie d'une multitude de groupes plus ou moins conséquents et organisés. C'est le Parti communiste grec qui, riche de son expérience forgée sous la dictature de Metaxás, avait été la première formation politique à se lancer dans la résistance, d'abord en fédérant tous les syndicats ouvriers dans un Front national ouvrier de libération. Puis, en proposant à tous les partis politiques non fascistes de les rejoindre, en septembre 1941 il avait constitué un Front national de Libération, l'*EAM*, agglomérant les partisans issus de toutes les sensibilités de gauche, une poignée de sociaux-démocrates et de libéraux bourgeois, des membres du Parti agrarien, etc. Sur ces bases, il avait entrepris de transformer des quartiers ouvriers d'Athènes et d'autres grandes villes en de véritables bastions de la résistance. Cependant, méfiant envers l'esprit libertaire et indiscipliné des maquis autonomes des montagnes, le Parti communiste grec s'était alors efforcé de les encadrer dans une stratégie de lutte urbaine de masse plutôt que de guérillas. Et en février 1942, il créa l'Armée populaire de libération nationale, *ELAS*, dont le nom sonnait comme celui du pays (*Hellas*).

Mais les communistes furent rapidement confrontés au double jeu que mèneraient Churchill et les services secrets britanniques, allant jusqu'à encourager d'autres groupes de résistants, proches des royalistes et de l'armée, sans s'embarrasser de leurs possibles collaborations avec les Allemands.

Cela faisait plusieurs heures que Yannick avançait dans ses lectures et la faim commençait à lui agiter les entrailles. Jugeant qu'une petite pause serait la bienvenue, il avait tenté d'appeler son filleul pour casser une graine avec lui, mais celui-ci assistait son père au restaurant, samedi oblige.

Pour rester dans l'ambiance grecque, il se décida à sortir pour manger 'un grec', nirvana que Théo lui avait fait découvrir non loin, rue de l'École polytechnique. Son filleul lui avait déclaré un jour : "*la génération de tes parents a découvert le Coca-Cola et le jazz, la tienne a grandi avec la pop' et les McDo. Il est temps que tu te mettes aux pratiques de la suivante, la techno et les 'grecs'* ".

Il l'avait initié à cette sorte de sandwich fourré de viande grillée à la broche tournante, généralement agrémenté de frites et d'un incontournable quatuor salade/tomates/oignons/tzatziki. Il avait expliqué à Yannick qui croyait que le kebab était turc, qu'au XIXe siècle, un restaurateur de Bursa, grande ville du nord-ouest de la Turquie, avait eu l'idée de retourner la broche sur sa base et d'empiler du charbon à la verticale pour la cuire en laissant couler le gras. Aujourd'hui, les brûleurs au gaz et les résistances électriques avaient remplacé le charbon, mais le principe demeurait le même. Et si, en Grèce, on appelle ça un 'gyros', en France, tout le monde appelait ça 'un grec'.

– Et pour repérer les mauvais grecs, si la broche est encore pleine à midi, tu te méfies, mais si elle est encore pleine à minuit, tu fuis ! lui avait-il enseigné.

Yannick avait trouvé le lieu plus libre et plus convivial que les boutiques standardisées et aseptisées des fast-foods, où chaque portion de pain et de viande est pesée au gramme près et où les consommateurs n'ont pas le temps d'abandonner leur stress. Il avait fait tranquillement la queue en conversant avec ses voisins, puis il avait embarqué son 'grec' pour retourner à ses lectures.

Toutefois, devant la complexité de l'histoire de la résistance grecque et des multiples sigles de groupuscules farouchement opposés aux communistes, Yannick avait senti peu à peu ses paupières s'alourdir avant de sombrer dans les bras de Morphée.

Chapitre VIII

Dimanche 23 novembre 2008

En ce début d'après-midi, le quartier Saint Médard semblait s'être mis à l'heure de la sieste grecque. Le bain de foule dominical des nombreux touristes autour des commerces de la rue Mouffetard s'était asséché, les chants des chorales improvisées sur le parvis de l'Église s'étaient tus, la danse des balayeuses d'après marché s'était achevée...

Aucun bruit ne parvenait jusqu'à la terrasse où Yannick venait de procéder à son propre examen des lieux. Il avait notamment constaté que, dans un coin reculé, le filet de protection qui surplombait la rambarde était manquant alors qu'il s'étendait méthodiquement tout au long des parties les plus accessibles.

– Pourquoi n'y a-t-il pas de filet à cet endroit ? bougonna-t-il.

Embarrassé, Yorgos confessa :

– Quand ils étaient plus jeunes, Théo et ses copains ne jouaient jamais dans ce coin. De plus, le président du Conseil syndical des copropriétaires de cet immeuble que je suis souhaitait pouvoir depuis cet endroit surveiller les poubelles et ce qui se passe dans la cour...

– Quelles que soient les raisons de sa chute, c'est justement là que Kostas est 'tombé' ! constata sèchement Yannick, devant un Yorgos contrit. La police vous a-t-elle fait part de ses conclusions ?

– Leurs experts ne sont malheureusement pas parvenus à une conclusion franche. Comme les simulations informatiques ne se sont pas révélées convaincantes, ils ont fait des essais avec un mannequin sensé être de la corpulence et du poids de papa, avec des variantes selon l'hypothèse qu'il aurait trébuché, mais également comme s'il avait été poussé par un tiers. Mais ils n'ont naturellement pas pu prendre en compte l'impact sur sa chute des mouvements désordonnés qu'a dû faire papa en tombant ou en résistant à une agression. Ce n'est sans doute pas la même chose si on balance un paquet de chiffons ou un homme qui gigote. Résultat : pas de résultat fiable. Quant à l'autopsie, elle n'a rien révélé d'utile à leurs yeux. Et ils viennent de nous restituer les vêtements de Kostas…

Théo attendait une occasion pour intervenir et se précipita dans la brèche :

– …où il manquait quelque chose dont il ne se séparait jamais ! Son *'komboloï'*. Tu sais bien Yannick, cette espèce de chapelet que les Grecs palpent, égrènent, caressent, tripotent, triturent sans interruption, en faisant glisser sur la cordelette ou entre les doigts les grains d'ambre ou de bois d'olivier ou de caroubier, voire des petites boules d'ivoire.

– Ce 'komboloï' avait-il une valeur autre que sentimentale ? interrogea Yannick en s'appliquant pour répéter plusieurs fois le mot.

– Non, je ne pense pas… Je suis sûr que nous allons le retrouver quelque part dans sa chambre quand nous aurons fini de ranger ses affaires ou derrière un coussin du canapé du salon, tenta de rassurer Yorgos.

– Et si nous ne le trouvons pas, ce sera la preuve que la dernière personne qui l'a vu, ayant besoin d'une preuve physique de son méfait, le lui aura arraché des mains avant sa chute. À moins qu'il soit allé le récupérer dans la cour, juste avant l'arrivée des secours…

– Arrête Théo ! Rien ne permet à ce stade de l'enquête d'imaginer la présence d'un voleur ou d'un assassin… énonça fermement Yorgos, s'efforçant une nouvelle fois de tempérer les interprétations de son fils qu'il semblait décidément vouloir ranger au rang de dérives imaginatives.

– Mais rien ne permet non plus de rejeter cette hypothèse, rétorqua aussi fermement Le Clech, en regardant alternativement le père et le fils, comme un dompteur faisant face à deux fauves. Je suppose que la police a recherché des indices jusque sous les lames du parquet à claire voie de la terrasse et dans la cour et qu'elle y aurait déniché ce 'komboloï'.

Tu prononces çà comment ? demanda-t-il, comme pour faire une pause et se donner le temps de réfléchir.

Puis, reprenant mécaniquement ses questions, il demanda :

– En dehors du 'komboloï', est-ce que quelque chose a disparu sur votre terrasse ou dans l'appartement ?

Devant les dénégations du père et du fils, il tenta :

– Et si Kostas avait tout simplement glissé !

– Mais il pourrait aussi bien avoir ouvert à quelqu'un qu'il connaissait peut-être et qui, à la suite d'une discussion qui aurait mal tourné, l'aurait bousculé. Il n'aurait pas pu se retenir car à cet endroit, à l'aplomb de la cour, il manque justement ce sacré filet de protection, argumenta Théo.

– S'agirait-il alors d'un acte délibéré, d'une vengeance qui aurait pu conduire à le pousser par-dessus la rambarde, ou d'un accident ? Il faudra rechercher dans son passé, sans arrière-pensée, car s'il y a eu meurtre, il y a nécessairement un mobile. Nous verrons déjà qui sera présent à son enterrement. Avez-vous pu fixer une date ? s'enquit Yannick.

– Oui, jeudi prochain. Outre une annonce sur le site de la 'Communauté hellénique de Paris et des environs', un faire-part sera publié demain dans *L'Humanité*, *Le Monde* et *Le Figaro*. Et, pour que ceux qui ont approché Kostas soient informés et puissent avoir le temps matériel de se joindre à nous, je vais aussi faire insérer un avis dans le *Daily Mirror*, ainsi que dans plusieurs quotidiens grecs de bords politiques divers et variés, dont *Rizospastis*, l'organe officiel du Parti communiste grec.

– Dis-moi, tu ratisses large ! Mais cela est sans doute logique si ton père a eu la vie agitée que tu voudras bien me raconter dans ses moindres recoins. Rentrons, si vous voulez bien, les invita Yannick.

Chapitre IX

Ils retournèrent tous les trois à l'appartement pour s'installer au salon.

— Dans ton récit sur les événements qui ont marqué la vie de Kostas, nous en étions à la répression de Metaxás qui avait conduit Agaton à être exilé et à s'enfuir de l'île d'Ikaria où il avait été déporté pour se réfugier en Macédoine où il aurait été rattrapé par la guerre, résuma d'un souffle Le Clech.

— Parfait, confirma Yorgos. Il faut savoir que Metaxás disposait alors de l'appui relatif d'une population lassée des soubresauts politiques ininterrompus qui l'avaient précédé. Son 'régime du 4 août' avait, en effet, permis une amélioration tangible dans pratiquement tous les domaines, au point que certains en parlent comme de l'âge d'or', avec des mesures de protection sociale très avancées à l'époque. Je te la fais courte : augmentation du revenu par habitant, baisse du chômage, salaire minimal, protection de la maternité, semaine de 40 heures, absorption des dettes des fermiers et augmentation des prix de l'agriculture, un plan d'infrastructures et de travaux publics…

— Bref, tout baigne ! persiffle Yannick. Mais nous voilà au début de la deuxième guerre mondiale et que diable fabrique ton grand-père en Macédoine pendant que sa femme et son fils sont terrés à Athènes où ils sont étroitement surveillés ?

— Agaton va se trouver aux premières loges de la résistance, tu vas vite comprendre pourquoi ! Alors que les bruits de bottes se faisaient entendre en Europe, le caractère bicéphale de la Grèce, écartelée une nouvelle fois entre la Grande-Bretagne dont elle dépendait financièrement et stratégiquement et l'Allemagne, si séduisante aux yeux du dictateur, rendait pour le moins délicate sa politique étrangère. S'efforçant de maintenir son pays en dehors du conflit, Metaxás proclama sa neutralité bienveillante envers les Alliés en septembre 1939…

Trop content de pouvoir l'interrompre grâce à ses lectures récentes, Le Clech embraya.

– Au prix d'un nouveau grand écart... Jusqu'à ce que Mussolini décide que l'occupation de la Grèce serait une suite logique à sa politique impériale dans les Balkans, politique inaugurée quelques mois plus tôt avec l'invasion de l'Albanie. Dans un roman dont j'ai oublié le nom - 'Capitaine... quelque chose' - j'ai découvert un portrait peu amène du Duce.

– '*La mandoline du capitaine Corelli*', une vision romancée de l'invasion et de l'occupation par 'les gentils Italiens'... Cela a, je crois, fait l'objet d'une adaptation au cinéma, tenta de se remémorer Yorgos. Toujours est-il que le 28 octobre 1940, l'ambassadeur italien à Athènes a transmis à Metaxás un ultimatum du Duce. Pour '*assurer notre sécurité*', celui-ci, avec ses troupes concentrées en Albanie, nous invitait tout simplement à céder sans combattre d'importantes portions de la Grèce... Selon la légende, la seule réponse de Metaxás fut un sec '*Okhi* !', ce qui veut dire 'Non', en grec.

– Vous n'êtes décidément pas des gens simples, vous autres les Grecs. Vous dites 'Non' en répondant 'Okhi' et pour dire 'Oui' vous dites 'Ne' !!!

– Bla bla bla, lui rétorqua Yorgos, en se tapotant les joues gonflées, avant de poursuivre sans se laisser démonter. Le 'Jour du Non' ('*Okhi Mera*') est célébré aujourd'hui comme une fête nationale, alors que, soit dit en passant, nous ne célébrons ni la création de l'État grec, ni le jour de la libération du pays de l'occupation allemande, le 12 octobre 1944 ! Mais, passons ! Ce refus de l'ultimatum a justifié l'invasion de l'Épire et de la Macédoine, où se trouvait justement Agaton, par les Italiens qui imaginaient nous écraser sans difficulté. Tu suis, Commissaire ?

Sans attendre sa réponse, Yorgos ré-embraya avec des trémolos dans la voix.

– En jouant sur le nationalisme exacerbé des Grecs, Metaxás est parvenu dans ces circonstances exceptionnelles à unir contre l'ennemi toute la nation, toutes tendances confondues. Une levée en masse spontanée contre l'agresseur s'est produite et la Grèce a contre-attaqué dès le 8 novembre. Le moins qu'on puisse dire c'est que le commandement italien avait largement sous-estimé la combativité et la disposition au sacrifice des Grecs : en quelques jours, dans une sorte de croisade pour la libération de l'Épire du Nord où vivait une importante minorité grecque, les forces italiennes ont été repoussées... jusqu'en Albanie. Agaton s'est naturellement associé aux premiers groupes de combattants pendant qu'Adriani et Kostas étaient toujours à Athènes.

– Vas-y, papa ! l'encouragea Théo. Laisse-moi juste le temps d'aller chercher l'album de Papous où il aimait à se perdre parfois en regardant avec nostalgie les photos qu'il me commentait. Cela nous permettra d'illustrer certains événements.

Il fouilla dans la bibliothèque du salon avant de parvenir à en extraire un vieil album au cuir élimé. Chaque photo était sous-titrée à l'encre noire, d'une écriture fine avec mention de la date et du lieu où elle avait été prise. Certaines, jaunies, se décollaient en partie, comme si elles voulaient s'échapper de l'album que Théo apporta comme une sainte relique tandis que son père reprenait son récit.

– Après quelques semaines, l'offensive italienne a donc dégénéré en débâcle, résuma Yannick.

– En effet, elle a été stoppée par l'armée grecque, mieux organisée et soutenue par tout le peuple. Les femmes, au premier rang desquelles bien sûr Adriani, souligna Yorgos avec une pointe d'émotion dans la voix en évoquant ainsi sa grand-mère, ont joué un rôle essentiel dans cette opposition farouche aux visées italiennes, notamment en ravitaillant avec un grand sens du sacrifice les hommes, en leur tricotant des vêtements chauds, en recueillant les soldats blessés... Elles ont ainsi gagné confiance en elles, égalité et considération grâce à leur action dans la Résistance. D'ailleurs, en 1944, lors d'élections pour un 'gouvernement de la montagne', les femmes grecques ont pour la première fois eu le droit de voter, malgré la misogynie apparente de certains résistants réfractaires.

– Si je ne me trompe, cette résistance populaire a fait l'objet d'un total déni pendant de nombreuses années, tenta Yannick.

– Et il faudra attendre 1981 pour que l'État reconnaisse enfin le rôle de la résistance dans la libération du pays.

– Je suppose que le prix payé par les deux pays pour cette invasion ratée a été très lourd, le recentra Yannick.

– En effet ! Fin mars 1941, on dénombrait 13 000 morts et 42 000 blessés côté Grecs, 18 000 morts et 49 000 blessés côté Italiens. En bien mauvaise posture, le petit Benito fut contraint d'appeler Adolph à son secours. Celui-ci n'hésita pas à prélever des troupes sur le front de l'Est afin d'envahir, sans déclaration de guerre, la Grèce et la Yougoslavie, le 6 avril 1941, le dimanche des Rameaux. De leur côté, les Britanniques pressaient Metaxás de les autoriser à débarquer des troupes en Grèce pour combattre les Allemands, mais, là encore, décidé à maintenir la stricte neutralité du pays, Metaxás fit la même réponse à Londres qu'au Duce...

– Okhi ! S'appliqua à dire Yannick.

– Bravo ! Il faut trainer un peu plus sur le 'khi', presque comme un feulement de chat, l'encouragea Yorgos,

– Ochhhhi, tenta le Breton.

– N'exagère pas quand même, mais c'est pas mal. Poursuivons ! Alors que les Britanniques piaffent d'impatience, voilà que Metaxás meurt subitement d'un abcès au pharynx.

– Et une nouvelle thèse officielle, une ! l'interrompit Théo. Ça arrange bien les choses des Anglais puisqu'ils n'ont eu aucun mal à faire plier son successeur, Alexander Koryzis ! Parrain, il faut que tu saches qu'après leur avoir accordé l'autorisation de débarquer, Koryzis s'est empressé de se 'suicider' le 22 avril, dans des circonstances tout aussi étranges... Ces décès successifs rendent tout à fait crédible l'hypothèse selon laquelle, en réalité, les services secrets britanniques auraient assassiné Metaxás pour le remplacer par quelqu'un de plus souple. Qu'en dis-tu mon cher Yannick ?

Sans lui laisser le temps de réagir, Yorgos objecta avec vigueur.

– Et revoilà la théorie du complot... Calme-toi, Théo, lui intima son père, avec fermeté. Ce n'est pas parce que Koryzis s'est suicidé que Metaxás a été assassiné. C'est une malencontreuse coïncidence, voilà tout !

– À quelques jours de distance, il ne faisait pas bon être Premier ministre, dis-moi, persifla Théo.

– De toute façon, convint Yorgos, quand les Britanniques reçurent l'autorisation de débarquer 45 000 hommes au Pirée, les Allemands occupaient déjà Thessalonique, Athènes, Kalamata et la pointe sud du Péloponnèse. Aussi, les '*tommys*', quelques unités de l'armée et de la flotte grecque, ce qu'il restait du gouvernement n'eurent d'autre choix que de se replier vers la Crète et l'Égypte où un gouvernement en exil fut constitué. Pour sa part, le roi Georges II trouva refuge chez son protecteur, à Londres tandis que prenait place à Athènes un gouvernement de collaboration avec les forces d'occupation.

– Et nos amis ? demanda candidement Yannick, espérant faire diversion après cette nouvelle escarmouche père/fils.

– J'y viens. Sois un peu patient, s'il te plait ! rétorqua sèchement Yorgos, laissant transparaître une pointe d'irritation. Hitler, qui avait besoin de ses troupes pour envahir la Russie, ne laissa que 60 000 hommes en Grèce, mais il commit trois erreurs !

Un/Pour rester en bons termes avec ses alliés du moment, les Soviétiques, le Führer fit libérer un grand nombre de communistes que les Allemands avaient trouvé dans les prisons à leur arrivée : sitôt libérés, ils rejoignirent la résistance.

Deux/S'ils s'engageaient sur l'honneur à ne plus combattre les occupants allemands ou italiens, les officiers de l'armée hellénique étaient autorisés à conserver leur revolver d'ordonnance, bien utile à la résistance.

Trois/Les Grecs avaient été vaincus par les Allemands, pas par les Italiens, mais Hitler leur concéda d'occuper 70 % du territoire - l'Épire, la Thessalie et le Péloponnèse - et offrit les provinces fertiles de la Macédoine orientale et de la Thrace aux pillages des Bulgares. Pour leur part, les Allemands ne se réservaient que les zones les plus stratégiques comme les métropoles portuaires de Thessalonique et d'Athènes Pirée, quelques îles de la mer Égée, et la partie occidentale de la Crète...

– ...où les combats furent terribles et la résistance exemplaire, lui souffla doctement Yannick.

– En effet ! Tu t'es décidément sérieusement documenté, le félicita Yorgos. Ce faisant, le blocus de la Grèce par les Britanniques, ajouté aux exactions des forces d'occupation et au pillage systématique du pays, provoquèrent une famine épouvantable : plus de 150 000 personnes sont mortes de faim durant l'hiver 41/42, en particulier à Athènes. Ceci a contribué à pousser de nombreux Grecs à rejoindre les maquisards. Et c'est le Parti communiste grec qui fut la première formation politique à se lancer dans la résistance.

– J'ai lu tout çà ! La création de son bras armé, l'ELAS, ne m'a pas échappé, ajouta-t-il, jetant un clin d'œil complice à Théo.

Celui-ci feuilletait rapidement l'album de photos lorsqu'il s'arrêta sur une page où figurait son arrière-grand-père, Agaton, à côté d'un homme qu'il présenta fièrement à son parrain.

– Kostas m'a souvent parlé d'Áris Velouchiótis, de son vrai nom Thanássis Kláras, comme l'une des figures les plus emblématiques de cette période : ses propositions de structurer les groupes de résistants contre les forces d'occupation furent adoptées par le Parti menant à la constitution du premier groupe de résistants armés grecs en février 1942. Áris fut le principal dirigeant de l'Armée populaire de libération nationale que papa vient d'évoquer. J'avais même donné son nom au chef de mes Playmobiles, acheva Théo, en rougissant.

Après avoir regardé la photo, Yannick entonna comme le refrain d'un chant breton.

– Et Agaton et Kostas dans tout ça ?

– J'y arrive, monsieur le commissaire ! répondit Yorgos, avec humeur, tandis que Théo pouffait sous cape. Dans toute la péninsule des Balkans, les communistes sont donc à l'avant-garde de la lutte contre le nazisme. À l'été 1943, par ses seules forces et en prenant presque toutes ses armes à l'ennemi, l'ELAS avait libéré la majeure partie des montagnes, des campagnes et des banlieues populaires, cantonnant de fait les nazis dans les grandes villes. Si Agaton naviguait dans les hautes sphères du Parti communiste grec, du côté des idéologues, Kostas, alors âgé d'à peine 20 ans, avait rejoint sans tarder les rangs plus opérationnels de l'armée populaire de libération.

– Mais c'était sans compter l'anticommunisme viscéral de Churchill, tenta Yannick.

– Tu as décidément bien lu. En effet, les Britanniques qui s'inquiétaient des succès des communistes ont, dès juillet 1942, cherché à allumer des contre-feux en finançant généreusement d'abord une petite organisation républicaine de droite basée en Épire, la Ligue nationale et démocratique de Grèce (*EDES*), créée par l'ancien colonel Napoléon Zervas, avec la bienveillance des Allemands. Tu ne seras pas surpris quand je t'apprendrai que le cousin Stavros s'est empressé de rejoindre cet EDES dès l'été 1943. Il y avait d'autres groupes composés d'anciens officiers ayant servis sous les différents régimes, des royalistes nationalistes, des métaxistes, diverses milices fascistes et nationalistes recrutées dans les bas-fonds de villes livrées à la famine, unies dans leur haine des '*slavo-communistes*', soutenues par les Britanniques peu gênés qu'elles collaborent aussi avec les nazis. Enfin, il fallait aussi compter avec une organisation dite 'X' qui se prononce 'chi' en grec, d'où le nom de *Chitès* donné à ses membres recrutés uniquement parmi les officiers et sous-officiers et approvisionnés en armes par le gouvernement de collaboration. Certes, la plupart de ces organisations n'avaient aucun poids militaire face à ELAS qui alignait 25 000 *Elassites*, tandis que l'EDES comptait 5 000 partisans et les autres groupes quelques centaines. Au début, toutes ces organisations ont plus ou moins bénéficié des parachutages d'armes organisés par les services secrets britanniques (SOE/Spécial Operations Executive).

Yannick qui avait vainement cherché à travers ses lectures à démêler ce galimatias de milices aux sigles complexes avait perdu tout espoir de s'y retrouver. Aussi ne put-il retenir un geste d'impatience, contraignant Yorgos à se justifier.

– Je n'ai pas pu t'épargner cette énumération fastidieuse, mais elle était indispensable pour comprendre ensuite le jeu des alliances, mais aussi des inimitiés, voire des haines aussi farouches que tenaces qui ont marqué longtemps le paysage de la Grèce et demeurent encore perceptibles aujourd'hui dans certains villages ou quartiers. En effet, ces milices terrorisaient campagnes et banlieues populaires, collaboraient aux '*bloccos*', ces expéditions que les Allemands menaient dans les banlieues rouges pour en extraire les Elassites, dénoncés par des mouchards encagoulés qui faisaient leur choix parmi eux, bien souvent en vertu de griefs personnels. Ces captifs terrorisés étaient hier les voisins, les camarades de bistrot, les collègues de ceux qui, aujourd'hui, les faisaient monter à coups de crosse dans des camions militaires pour servir d'otages, être exécutés en représailles aux opérations de la Résistance ou envoyés travailler en Allemagne.

Tout excité et ne pouvant se retenir d'intervenir, Théo saisit l'occasion pour raconter ce que son grand-père avait vécu.

– Un jour, Kostas était tombé avec ses compagnons d'armes dans une de ces rafles. Ils avaient été alignés et livrés à l'examen attentif des miliciens. Ce jour-là, grand-père a reconnu les yeux de Stavros dans les trous de sa cagoule lorsque celui-ci s'était arrêté un instant devant lui. Puis, après un temps de réflexion, il avait désigné du menton son voisin et ami, Kritikos, qui fut immédiatement exécuté d'une balle dans la tête. Par quel miracle s'était-il abstenu de désigner son cousin ? Une victime lui suffisait-elle ce jour-là, à moins qu'un soupçon d'esprit de famille l'ait retenu... Qui sait ? Grand-Père m'a dit qu'il s'était juré de lui faire payer l'assassinat de son ami. Mais il n'a jamais voulu me dire s'il l'avait fait, ni quand, ni comment, déplora Théo. J'ai vainement tenté plusieurs fois de le questionner pour savoir s'il avait dû tuer un ou plusieurs hommes pendant la guerre civile. Cela aurait pu être Stavros...

– ...ou un italien, ou un allemand, ou un fasciste, ou un collabo, voire un mauvais communiste... l'apostropha son père, excédé.

Il marqua une pause pour reprendre son contrôle, regardant tour à tour son fils et Yannick, avant de préciser calmement :

– Ce n'est, de toute façon, pas une question à laquelle un homme répondra facilement. Je suppose que ton grand-père, cherchant à t'épargner, a voulu te tenir à l'écart de certaines révélations qu'il m'a faites... Yannick, je te propose qu'on s'en tienne là pour aujourd'hui. On se retrouve de toute façon pour les obsèques civiles de Kostas, jeudi prochain, à 15 heures, au crématorium du Père-Lachaise.

— Au Père-Lachaise ? s'étonna Yannick.

- Oui, monsieur le Commissaire. C'est le consul Napoléon Bonaparte qui a décrété que "*chaque citoyen a le droit d'être enterré quelle que soit sa race ou sa religion*", les mécréants, les excommuniés, les comédiens et les pauvres. Même les Grecs ! Et probablement aussi, les Bretons, rassure-toi ! Mais Kostas sera seulement incinéré, comme il l'a toujours souhaité, et ceci naturellement en l'absence de tout membre de l'Église orthodoxe. Ses cendres retourneront peut-être un jour en Grèce pour y être dispersées sur les montagnes de son enfance. A jeudi l'ami.

Chapitre X

Mardi 25 novembre 2008

La nuit commençait à tomber. Yannick, affalé dans un fauteuil, achevait la lecture du dernier ouvrage qu'il avait acheté quand un discret coup de sonnette se fit entendre. Il se leva pour ouvrir sa porte.

– Je passais devant chez toi et j'ai tenté ma chance, dit Théo en embrassant son parrain. Je ne te dérange pas ?

– Si je n'étais pas toujours là pour toi je romprais le lien qui nous unit et dans les circonstances présentes, tu peux encore plus compter sur moi, tu le sais. Qu'est-ce qui t'amène ?

Avec un air de conspirateur, Théo sortit délicatement l'album de photos de son sac à dos.

– Papa m'a interdit de le sortir de l'appartement mais je voulais juste te montrer très concrètement une opération de la résistance à laquelle Kostas a participé.

Et il entreprit de raconter ce fait d'armes à sa façon, momentanément à l'abri du regard suspicieux et des jugements critiques de son père.

– Tu as dû lire dans tes bouquins, dit-il en jetant un regard admiratif vers la pile d'ouvrages, que les stratèges alliés supposaient que le ravitaillement de Rommel passerait par Le Pirée. Afin de l'empêcher ou de le ralentir, il fallait faire sauter les voies de chemin de fer en Europe du Sud-Est. À cet effet, une douzaine de commandos volontaires de l'Armée du Commonwealth avaient été parachutés en Grèce centrale en septembre/octobre 1942 pour coordonner les parachutages de matériel, financer et former les résistants, monter des opérations de sabotage. Et c'est ainsi que, par le plus grand des hasards, nos deux cousins se sont retrouvés le 25 novembre, parmi les 130 combattants d'ELAS et d'EDES, qui, après avoir attaqué le corps de garde italien qui protégeait le viaduc ferroviaire de

Gorgopotamos, l'ont dynamité avec l'appui d'ingénieurs néo-zélandais et indiens.

Prenant le risque d'apporter ouvertement de l'eau à son moulin, Yannick l'encouragea à poursuivre. Il avait lu, en effet, que ce dynamitage avait entraîné la destruction de deux des six piles de ce pont de plus de 200 mètres de long, les résistants contribuant ainsi à couper la ligne à une seule voie entre Athènes et le nord de l'Europe pendant… au moins six semaines, le temps pour les Allemands de le reconstruire !

– J'ai même lu que ce succès aurait motivé des milliers d'hommes et femmes à rejoindre les rangs des partisans, et conduit Londres à maintenir sur place ses experts… releva-t-il.

Heureux de cette marque d'intérêt, Théo ouvrit l'album sur les genoux de son parrain aux pages de photos prises lors de cet exploit, afin de les commenter.

– Regarde, là. À côté du pope barbu, tu reconnais Kostas ? Et celui-là, avec sa moustache de klephte, c'est son ami, Kritikos, avec qui il pose fièrement. En arrière-plan, tu peux deviner le viaduc éventré. Et sur cette autre photo, tu constateras la présence de plusieurs femmes parmi les résistants, dit-il, vérifiant du regard que son parrain portait bien l'attention nécessaire à ces images. Figure-toi que l'une de ces femmes, Chryssoula, deviendra la femme de Kostas en 1950.

– Est-ce que, au moins, Stavros figure sur l'une de ces photos, que je puisse voir à quoi ressemble ce drôle de cousin ? interrogea Yannick, l'esprit pratique en éveil.

– Tu n'en trouveras aucune photo. Tu vois là les traces laissées par deux photos qui ont été arrachées. Je ne les ai jamais vues. Il ne reste que les légendes. Grand-Père les avait consciencieusement retirées de l'album et brulées quand ils sont partis pour Paris, avec papa, précisa-t-il, marquant sa déception.

– Donc le cousin Stavros figure en tête de ta liste de suspects, puisque tu es convaincu qu'il s'agit d'un meurtre, le testa Yannick.

– Au moins, en très bonne place ! Tu vas voir pourquoi. Gorgopotamos fut probablement l'une des rares fois où l'ELAS et l'EDES ont combattu ensemble avant de s'entretuer. Je laisserai à Papa le soin de te raconter SA suite, mais des vents contraires ont à nouveau écarté ces deux organisations, et donc les deux cousins. Pourtant, la Mission militaire britannique avait réussi à mobiliser une armée souterraine grecque d'environ 20 000 hommes. Pour leur part, face aux sabotages, attaques de convois, combats de plus en plus fréquents, afin 'd'économiser le sang allemand', ces derniers se sont appliqués à attiser les rivalités entre les différents mouvements de résistance pendant le printemps et l'été 1943. Et quand, après la capitulation de l'Italie et le retrait en quelques jours de ses 250.000 soldats, le vide ainsi laissé n'a pas été comblé en septembre par un apport de troupes allemandes supplémentaires, les organisations de la Résistance ont interprété ce fait comme le signe annonciateur d'un retrait imminent des Allemands. Il n'en fallut pas davantage pour que les différentes factions commencent à en découdre afin de déterminer qui s'emparerait du pouvoir après ce retrait. Dès le début du mois d'octobre, des combats ont eu lieu dans le Péloponnèse. De véritables bastions irréductiblement ennemis se sont alors constitués : sous le contrôle des anticommunistes, l'Épire, la Thrace et le Péloponnèse, et sous celui des communistes la Roumélie, la Thessalie et la Macédoine occidentale. Tandis que l'EDES massacrait les communistes des îles Ioniennes et les Albanais d'Épire, l'ELAS exterminait les Bataillons de sécurité et les bandes bulgaro-valaques. Et lorsque les derniers soldats de la Wehrmacht ont quitté le pays le 4 novembre 1944, ne va pas t'imaginer, Yannick, qu'ils furent pourchassés par la Résistance. De fait, les frères ennemis étaient trop occupés à consolider leurs positions à coups d'exécutions sommaires.

– Quand a pris fin cette guerre civile ? demanda Yannick.

– Ce n'était malheureusement que le 'premier round' d'une guerre civile qui ne s'est achevée que fin août 1949, collant étroitement aux trois phases de l'histoire européenne des années quarante : la résistance à l'occupation nazie, la libération puis le début de la guerre froide.

– Il y a bien eu quelques brefs moments d'accalmie, espéra Yannick.

– Peu, regretta Théo. Pendant toutes ces années, les Grecs ont déployé une même férocité légendaire et un même courage, non pas à combattre les Ottomans, les nazis ou autres envahisseurs mais à s'entretuer sous le regard – oh combien bienveillant – des Britanniques, solidement obnubilés par une *'communistophobia'* virulente et nocive. J'espère que, notamment jeudi après la cérémonie au Père-Lachaise, d'autres témoignages viendront te suggérer des pistes ou en infirmer certaines. Merci de ton soutien, cher parrain, et à jeudi, acheva-t-il en prenant congé.

Chapitre XI

Jeudi 27 novembre 2008

C'était la première fois que Yannick se rendait au Père-Lachaise. Il est vrai qu'en qualité d'officier de police judiciaire, il avait davantage fréquenté les morgues que les cimetières. Celui-là avait quelque chose de mythique et il entendait bien profiter de l'occasion. Il décida même de s'y rendre à pied : certes, cela faisait un bon bout de chemin depuis la Contrescarpe, mais surement un bon exercice pour sa brioche que la descente hebdomadaire de la rue Mouffetard ne suffisait pas à endiguer.

Une fois passée la Bastille, il s'arrêta prendre un café rue de la Roquette où il se souvenait être venu, tout juste nommé commissaire, interroger une détenue dans cette prison de femmes. Elle avait depuis été remplacée par un programme immobilier qui puait l'architecture tape-à-l'œil, chère à certains promoteurs.

Il pénétra dans le Père-Lachaise, aujourd'hui "*le cimetière le plus visité au monde*", avait-il lu sur Wikipedia. Dans cet imposant jardin à l'anglaise, sillonné d'allées et de chemins accidentés, foisonnant d'arbres et de plantes d'essences multiples et parsemé de quelque 70 000 sépultures, il chercha du regard quelques-unes des tombes les plus célèbres : Héloïse et Abélard, Chopin, Molière et La Fontaine, Édith Piaf... Non loin de celle d'Oscar Wilde, il remarqua celle de Jim Morrison, le chanteur des Doors, qui, depuis plus de quarante ans, attirait chaque année des millions de visiteurs. Yannick n'en croyait pas ses yeux quand il découvrit la dévotion dionysiaque que suscitait ce sex-symbol, poète maudit du rock, chantre de la consommation d'alcool et de drogues : fleurs et portraits de l'éphèbe, chewing-gums mâchés, bougies, bouteilles de whisky, cadenas d'amour, chouchous et élastiques colorés foisonnaient sur et autour des barrières métalliques qui protégeaient désormais la sépulture. Il repéra même une inscription qui était gravée là : 'KATA TON DAIMONA EAYTOY' (Fidèle à son propre démon). Cela sonnait grec, se dit-il. Ce clin d'œil lui rappela obligeamment les raisons de sa présence dans ce cimetière ; jetant un rapide coup d'œil à sa montre, il mesura qu'il avait laissé filer le temps et serait en retard.

La cérémonie semblait en effet largement entamée quand il parvint, un peu honteux, au Crématorium. Dans cet espace sobre et clair, toutes les places assises étaient occupées, laissant debout de nombreuses personnes. Yannick se faufila pour se ménager une vue panoramique et pouvoir observer discrètement les personnes présentes pour ce dernier hommage à Kostas. Un coin était occupé par une douzaine de jeunes, probablement des copains de Théo, des étudiants en architecture. Il y avait aussi quelques femmes âgées, toutes vêtues de noir, certaines accompagnées d'hommes qui maniaient sans discontinuer leur 'komboloï' dans un cliquetis discret mais régulier et constant. Au centre, le cercueil en simple bois blanc était couvert de fleurs.

– On en est où ? demanda Yannick à un jeune homme à côté de lui.

– Il y a déjà eu plusieurs interventions : d'abord Yorgos, le fils de Kostas et le père de mon copain Théo, puis un Anglais, trois vieux Grecs et un petit homme avec un fort accent slave. Ce devrait être maintenant à Théo de conclure la cérémonie.

Effectivement, Théo était en train de se lever. Il était aussi pâle que sa chemise. Il s'approcha du micro qu'il réajusta à sa taille et prit la parole d'une voix chargée d'émotion.

– Grand-père aurait aimé que nous achevions cette cérémonie par la lecture d'un poème de Yannis Rítsos, poète et militant communiste dont il a partagé l'amitié mais aussi les souffrances au camp de concentration de Makronissos. Ne maîtrisant pas la langue grecque, je vous le lirai en français dans la traduction qu'il se plaisait souvent à me réciter.

" Le rêve de l'enfant, c'est la paix.
" Le rêve de la mère, c'est la paix.
" Les paroles de l'amour sous les arbres, c'est la paix.

" *Quand les cicatrices des blessures se ferment sur le visage du monde et que nos morts peuvent se tourner sur le flanc et trouver un sommeil sans grief en sachant que leur sang n'a pas été répandu en vain, c'est la paix.*

" *La paix est l'odeur du repas, le soir, lorsqu'on n'entend plus avec crainte la voiture faire halte dans la rue, lorsque le coup à la porte désigne l'ami et qu'en l'ouvrant la fenêtre désigne à chaque heure le ciel en fêtant nos yeux aux cloches lointaines des couleurs, c'est la paix.*

" *La paix est un verre de lait chaud et un livre posés devant l'enfant qui s'éveille.*

" *Lorsque les prisons sont réaménagées en bibliothèques, lorsqu'un chant s'élève de seuil en seuil, la nuit, à l'heure où la lune printanière sort du nuage comme l'ouvrier rasé de frais sort de chez le coiffeur du quartier, le samedi soir, c'est la paix.*

" *Lorsque le jour qui est passé n'est pas un jour qui est perdu mais une racine qui hisse les feuilles de la joie dans le soir, et qu'il s'agit d'un jour de gagné et d'un sommeil légitime, c'est la paix.*

" *Lorsque la mort tient peu de place dans le cœur et que le poète et le prolétaire peuvent pareillement humer le grand œillet du soir, c'est la paix.*

" *Sur les rails de mes vers, le train qui s'en va vers l'avenir chargé de blé et de roses, c'est la paix.*

" *Mes Frères, au sein de la paix, le monde entier avec tous ses rêves respire à pleins poumons. Joignez vos mains, mes frères. C'est cela, la paix* ".

Théo replia le papier qu'il avait lu posément, et, après avoir invité l'assistance à faire comme le proposait le poème, c'est-à-dire joindre les mains de leurs voisins ou voisines, il se recueillit un long moment. Puis il remercia tous ceux qui étaient venus, parfois de fort loin, et les invita au nom de son père à se retrouver vers 18h au restaurant Aristophane pour le verre de l'amitié.

Chapitre XII

L'assemblée commençait à se disperser. Théo, profitant que Yorgos était occupé à recevoir les condoléances, se précipita vers son parrain qu'il serra dans ses bras en lui glissant dans l'oreille.

– Yannick, je voulais te présenter plusieurs personnes qu'il pourrait être intéressant d'entendre. Malheureusement, notre ami russe est parti aussitôt après son allocution pendant laquelle il a effleuré, en langue de bois dans le texte, les divergences entre les divers courants des communistes grecs, jusqu'à et y compris Tachkent. C'est une approche qu'on ne doit pas négliger car il y a eu des règlements de compte par le passé. Comme, il n'habite pas très loin de mon école, on pourrait essayer de passer le voir demain à la sortie de mes cours, en espérant qu'il ne soit pas déjà rentré à Moscou. En revanche, il faut que tu rencontres le fils de l'ami anglais aux côtés de qui Kostas a combattu les Italiens et les Allemands.

Il lui désigna un homme de grande taille, habillé avec élégance, qu'il invita d'un geste à les rejoindre. Arborant une moustache en balai-brosse, il frôlait la soixantaine. Il s'approcha d'eux, le chapeau à la main. Théo fit les présentations.

– Yannick, je te présente Timothy, le fils du major Carlson qui fut l'un des membres éminents du commando britannique avec lequel grand-père a participé à diverses opérations de sabotage, notamment à Gorgopotamos. Je t'ai montré sa photo l'autre jour. Et cet homme est mon parrain, ajouta-t-il à l'intention de Timothy.

– Bonjour. Vous êtes parisien ou bien êtes-vous venu pour l'enterrement de Kostas ? demanda Yannick pour amorcer leur échange.

– Je suis venu spécialement représenter mon père qui avait noué de solides liens d'amitié avec Kostas et certains résistants. De toute façon, je me rends souvent dans une petite maison que j'ai acquise en Dordogne où je fais de longs séjours, comme un certain nombre de retraités britanniques.

– Alors, je ne m'étonne pas de ce Français que vous semblez pratiquer à merveille. Quand avez-vous rencontré Kostas pour la dernière fois ?

– Il y a quelques années, mon père a commencé à subir l'évolution inexorable de sa maladie. Lorsqu'il a compris qu'il ne pourrait plus rendre visite à son ami, il m'avait fait promettre de prendre le relai. Mon père est décédé en février 2003 et je suis venu chaque année depuis cette date. Ma dernière rencontre avec Kostas remonte à l'automne dernier. Au cours de nos échanges, nous croisions ses souvenirs avec ceux que m'avait confiés mon père à propos de 'leur' guerre, dit-il en faisant des crochets de guillemets avec ses index.

– Cela vous ennuierait-il de me raconter cela pendant que nous nous dirigeons ensemble vers le restaurant où nous sommes tous attendus ? Bien sûr Théo, tu viens avec nous, précisa-t-il sur le ton de l'évidence.

Ils quittèrent d'un bon pas le cimetière, direction Aristophane, tandis que Timothy amorçait son récit.

– En fait, mon père et ses collègues ont été parachutés en octobre 1942 avec pour mission d'appuyer les résistants grecs dans leur lutte contre les Allemands, en leur fournissant des armes, en les accompagnant lors d'opérations de sabotage comme, par exemple, la destruction du viaduc de Gorgopotamos.

– Oui, Théo m'a raconté cet exploit et montré des photos, précisa Yannick.

– N'étant pas nés à cette époque, vous comme moi n'avons pas l'expérience de la guerre mais il est assez facile d'imaginer que se côtoyer dans de telles circonstances contribuait à tisser des liens indéfectibles. Des amitiés s'étaient nouées ainsi entre les résistants grecs et les agents britanniques du SOE. Hélas, cela s'avéra contraire au sens de l'histoire, du moins celle dessinée par Winston Churchill, alors à la tête de ce que vous désignez souvent en France comme la 'perfide Albion' (avec de nouveau un crochet des doigts). Cette appellation n'est en rien usurpée pour cette période, comme en témoignent plusieurs ouvrages qui décrivent par le menu la 'perfidie britannique'.

Churchill craignait qu'après la défaite de l'Axe, la Grèce passe sous le contrôle des communistes. Quelques mois après Gorgopotamos, il a commencé à paniquer et il a tout fait pour contrecarrer les desseins d'ELAS en finançant et en armant des groupes de résistance concurrents, sans se préoccuper s'ils étaient plus ou moins 'maqués' avec les Allemands. Il avait même été jusqu'à souligner que le Royaume-Uni ne collaborerait plus qu'avec les groupes disposés à soutenir le Roi et le gouvernement grec. Cela impliquait que les agents du SOE se détournent des autres, en particulier des communistes ou assimilés.

– J'imagine que ce revirement fut un choc pour les membres d'ELAS qui sont alors devenus la cible de véritables chasses à l'homme menées par d'anciens collaborateurs pronazis et des unités spéciales d'extrême droite appuyées par Londres, résuma Yannick.

– Oui, bien sûr. Mais mon père m'a raconté que ce fut aussi un crève-cœur pour les membres du commando à qui on intimait l'ordre de tourner le dos à leurs nouveaux amis, renchérit Timothy. Et s'ils dérogeaient à ces consignes, une autre force britannique, le MI 6, se vit confier la mission de se débarrasser des agents du SOE jugés trop proches d'ELAS. Cette 'guerre dans une guerre britannique' est restée peu connue, mais elle est attestée aujourd'hui par de nombreux documents déclassifiés et m'a été confirmée par mon père qui l'a très directement vécue.

– Tu vois que je n'invente pas des complots partout, se félicita Théo, prenant son parrain à témoin. Grand-père m'a raconté l'événement qui a soudé cette amitié avec le Major. Tu permets que je le raconte Timothy ? Figure-toi que Kostas lui a sauvé la vie ! précisa-t-il avec enthousiasme. Pendant qu'ils étaient en faction dans le maquis, surveillant un poste de garde italien, grand-père a été ébloui par un éclat du soleil se réfléchissant sur une surface métallique. Sans hésiter, il s'était jeté sur Carlson, l'entraînant dans sa chute tandis qu'une balle venait se ficher dans l'arbre juste derrière eux. Alors qu'ils pataugeaient tous les deux dans la boue, Carlson avait commencé par engueuler grand-père, avant de prendre conscience qu'il venait d'échapper à la mort.

— Cette histoire est malheureusement vraie. Et mon père fut éternellement reconnaissant à Kostas de lui avoir sauvé la vie, précisa Timothy.

Yorgos, qui avait achevé sa séance de condoléances, les avait rattrapés et se mêlant à la fin de cette séquence, y ajouta sa version.

— Sans doute une balle perdue ou le tir d'un salopard de l'EDES...

Furieux, Théo rugit :

— Tu m'accuses de fabuler mais toi, tu es dans le déni permanent pour une raison que je ne comprends pas mais que je découvrirai peut-être un jour. Sache que, prélevée dans l'arbre par le major, à la hauteur de ses yeux, la balle a révélé sa triste et perfide origine. C'était une balle anglaise ! Alors...

Yannick, sentant la moutarde lui monter au nez, leur coupa la parole.

— Ça suffit vous deux, vous commencez à me gonfler ! Si vous continuez à vous chamailler pour tout et rien, je vous laisse tomber avec vos vendettas à rallonges.

Après avoir laissé un silence pesant s'instaurer, seulement ponctué du bruit de leurs pas et un échange de regards désespérés entre le père et le fils, le Commissaire demanda, dubitatif, à Timothy.

— Tu nous as précisé que ton père était décédé de 'mort naturelle', à la suite d'une longue maladie. Est-ce à dire qu'après toutes ces années, Kostas aurait pu figurer sur la liste d'un quelconque 007, chargé d'achever la besogne du MI 6 ?

— Quand même pas, convint Timothy qui semblait cependant adhérer progressivement à la thèse du meurtre de Kostas plutôt qu'à celle d'une chute accidentelle. D'autres événements, d'autres faits ouvriront peut-être d'autres pistes de mobiles.

— Nous suivrons toutes les pistes qui pourraient nous mener à un mobile et à un tueur. Pas vrai, parrain ? demanda Théo, en quête d'un soutien.

– Bien entendu. Nous voilà donc au milieu de la guerre, ou presque, résuma Yannick. Je suppose que, après cette lâche tentative d'assassinat par les siens, le major Carlson n'a pas pour autant été autorisé à démissionner et à retourner dans ses foyers. Il aura sans doute été éloigné d'une manière ou d'une autre du contact avec ces résistants.

Timothy esquissa un sourire d'assentiment avant de poursuivre.

– Vous avez parfaitement saisi la situation. En effet, après son sauvetage, le major a été écarté du pilotage d'opérations avec la résistance et muté au QG britannique d'Athènes, place Syntagma. Ce faisant, il m'a raconté avoir été de plus en plus mal à l'aise au regard des options prises par Londres. Parmi celles-ci, une des plus insupportables à ses yeux fut la politique adoptée à l'égard des *Tagmata Asfaleias*. Vous savez de quoi il s'agit ?

– Non ! Si ma mémoire ne me fait pas défaut, cela ne fait pas partie de tous les groupuscules que tu m'as décrits, dit-il à l'intention de Yorgos, avec un point d'interrogation dans le regard.

– Ces '*Bataillons de sécurité*' étaient des unités composées de monarchistes et de survivants de l'EDES. Essentiellement soudés par leur anticommunisme, ils n'hésitaient pas à prêter main-forte aux Allemands contre la résistance, lui expliqua Yorgos. Et ils ont été scandaleusement soutenus par les Britanniques. Leurs chambres de torture, rue Stournara, suscitaient autant la crainte que le siège SS lui-même. Ils procédaient à des exécutions de masse sur le modèle allemand, en public, à des fins d'intimidation…

Mais Timothy, qui avait peu apprécié le parti pris de Yorgos, refusa d'accepter cette explication sommaire et renchérit.

– Pas si vite ! De terribles massacres ont été perpétrés fin 1943 et pendant toute l'année 1944. Les Battalionistes pendaient les corps dans les arbres et les gardaient pour empêcher leurs récupérations par leurs familles ou leurs amis. Les têtes étaient souvent coupées car, dans cette escalade de l'horreur, les services gouvernementaux offraient des récompenses payées en souverains or à quiconque apporterait la tête tranchée d'un *Elassites*. Quand, en novembre 1947, le *'Daily Mirror'* a osé publier en première page deux photographies de têtes décapitées, le chef de la Mission britannique de police s'est défendu en affirmant qu'il s'agissait de 'collaborateurs brigands' dont la tête était mise à prix et que ces têtes avaient été enlevées pour toucher la récompense. *'Last but not least'*, souligna Timothy, masquant à peine son dégoût, l'Ambassade à Athènes de Sa très gracieuse Majesté a même osé soutenir que l'exposition de têtes coupées était 'une coutume du pays' qui ne pouvait être jugée à l'aune des normes occidentales !

Yannick essayait de comprendre.

– Mais, comment et à quelles fins ces 'Bataillons de sécurité' avaient-ils été constitués ?

– Ils ont été créés par un militaire du Yorkshire, Charles Wickham, qui a appliqué à la Grèce la même combinaison de terreur et de collusion qu'il avait initiée en Irlande du Nord. Il ne s'agissait pas d'un corps de police régulière mais d'un outil de contre-insurrection, composé de policiers ordinaires mais aussi de membres de gangs, détailla Timothy. Et c'est cette même combinaison de meurtriers en uniforme, activement ou passivement assistés par la gendarmerie, et de plusieurs camps de concentration qui a été appliquée à la Grèce. La piste serait très certainement compliquée à remonter mais, à mon avis, un ancien de ces 'Bataillons de sécurité' pourrait bien avoir été chargé de tuer Kostas.

– Je vois que la thèse du meurtre gagne du terrain, se défendit avec amertume Yorgos. Je croyais qu'on s'intéressait aux nouvelles fonctions du Major Carlson après cette prétendue 'tentative d'assassinat' et l'évacuation d'Athènes par les Allemands le 12 octobre 1944.

– Les Athéniens n'ont eu que six jours pour humer un bref air de liberté… avant d'accueillir les Britanniques comme des alliés le 18, témoigna Timothy. Ils amenaient dans leurs bagages le gouvernement Papandréou qui prit ses quartiers dans l'hôtel Grande-Bretagne, place Syntagma. Comme ELAS assurait de fait l'administration de grandes portions du territoire de la Grèce libre, Churchill a justifié sa politique dans un mémo 'Personnel' au président américain, en prétendant à Franklin Roosevelt que les communistes s'apprêtaient probablement à s'emparer de la capitale. C'était totalement faux puisque ces derniers, en échange d'une promesse selon laquelle les collaborateurs seraient emprisonnés et jugés, et les 'Bataillons de sécurité' dissous, s'étaient engagés à ne pas essayer de prendre le contrôle du pays et à maintenir leurs 50 000 partisans armés en dehors d'Athènes, après le départ des Allemands.

– Après la libération, si les communistes avaient voulu la révolution, ils n'auraient évidemment pas laissé 50 000 hommes armés aux portes de la capitale mais les y auraient fait entrer, raisonna Yannick, logique.

Tandis que les grandes enjambées de Timothy entraînaient la petite troupe en marche rapide vers le restaurant, celui-ci reprit la parole, avec l'assentiment de Yannick qui dissimulait mal ses efforts pour conserver la cadence.

– En réalité, les Britanniques ont mis en place une nouvelle garde nationale chargée d'assurer la police et de désarmer les milices du temps de guerre. Vous vous en doutez, ce désarmement n'aura concerné…

– …qu'ELAS et pas ceux qui avaient collaboré avec les nazis, lui fit écho Yannick.

– Par la suite, l'armée britannique a contribué sans vergogne à la réhabilitation progressive d'anciennes unités de collaborateurs dans les forces armées ainsi que dans la police grecque. La Gendarmerie, par exemple, était presque exclusivement composée de personnes acquises à l'anticommunisme de rigueur. Imaginez, Commissaire, la surprise de Kostas lorsqu'il croisa l'un des dénonciateurs à la cagoule des rafles d'Athènes, son cousin Stavros, déambulant dans les rues de la capitale en uniforme de la police, en toute liberté, le lendemain de sa capture par la Garde civile : les Britanniques lui avaient accordé une 'permission' ! La police officielle d'après-guerre qui disposait des fichiers constitués sous la dictature de Metaxás, largement utilisés ensuite par la Gestapo, était en fait la même que sous l'occupation. L'épuration promise ne se fit donc pas. Le gouvernement avait bien arrêté un demi-millier de collaborateurs notoires, mais ceux-ci jouissaient d'un tel confort dans les prisons que cela ressemblait davantage à une mise à l'abri de la vengeance populaire qu'à une sanction. Mon père m'a raconté plusieurs fois de ce que l'ambiance à Athènes n'était pas très différente sous l'occupation britannique de ce qu'elle avait été sous l'occupation allemande, insista Timothy, écœuré.

– Mais pourquoi le 'Tommy' britannique était-il devenu l'ennemi juré du 'barbu' d'ELAS qui l'avait pourtant reçu comme un allié et s'efforçait de respecter scrupuleusement les consignes du Parti communiste de ne pas tirer sur lui, s'interrogea Yannick, dépassé.

Tandis que, à hauteur de l'Institut du Monde arabe, ils n'étaient plus très loin de leur destination, Yorgos tenta de prendre le relai.

– Octobre et novembre 1944 ont été pacifiques jusqu'à ce que la question d'un éventuel retour du Roi vienne envenimer les choses. Grèves et manifestations étaient redevenues quotidiennes. Alors qu'un ultimatum imposait le désarmement des unités de l'ELAS et de l'EDES avant le 10 décembre, l'opposition, espérant encore pouvoir s'opposer aux Britanniques par des moyens pacifiques, appela à une grande marche de protestation le dimanche 3 décembre. Ce devait être le prélude à une grève générale programmée le lendemain. Ton père devait être aux premières loges, Timothy ? provoqua Yorgos.

Celui-ci, puisant dans les récits du Major, enchaîna avec émotion :

– Hélas, oui ! Personne ne s'attendait à un bain de sang mais, quelques heures avant le début du défilé, Papandréou avait brusquement annulé l'autorisation de manifester. Ce matin-là, un soleil bas et blanc éclairait obliquement la tombe du Soldat inconnu et inondait la place Syntagma. La rumeur enflait alors que plusieurs cortèges de républicains, d'antimonarchistes, de socialistes et de communistes convergeaient vers ce grand quadrilatère dont tous les angles étaient occupés par des forces de police. Installés sur les balcons alentour, les journalistes de la presse étrangère témoignèrent avoir vu arriver peu après onze heures une avant-garde composée de quelques centaines d'hommes et de femmes, jeunes et vieux, avec des enfants dans les bras, mais aussi des infirmes avec leurs béquilles. C'était une foule pacifique mais décidée qui manifestait avec force drapeaux grecs, américains, britanniques et soviétiques, et scandait 'Viva Churchill, Viva Roosevelt, Viva Staline'. Encouragé par l'ambiance bon enfant, un adolescent s'avança pour entamer une danse ponctuée d'un premier saut élégant, puis d'un second, avant qu'il retombe sur le sol, la poitrine ensanglantée, fauché en plein cœur par une rafale de mitraillette depuis le toit de la Sureté, rafale relayée ensuite par une autre depuis le Palais Royal. Une pluie de balles s'abattit sur les manifestants qui, dans une panique généralisée, tentaient de se disperser. Ce ne sont pas des Allemands qui ont fait couler le sang ce jour-là mais des tireurs d'élite britanniques et des collabos grecs qui n'ont pas hésité à ouvrir le feu sur une foule civile désarmée ! Le communiqué officiel s'est contenté d'un résumé laconique : "*Des policiers indisciplinés ont ouvert le feu sur une manifestation*". Bavure policière, stratégie britannique, voire provocations des extrémistes, la fusillade mortelle a duré près d'une heure tuant 25 civils et blessant 148 autres dont Kostas, touché d'une balle dans le mollet gauche.

– Un jour, en me dévoilant sa cicatrice, Kostas m'avait raconté que, dans la confusion générale, ton père était parvenu à l'entraîner dans les sous-sols de l'hôtel Grande-Bretagne pour lui prodiguer les premiers soins, se souvint Théo. Après quoi, grand-père serait reparti clopin-clopant rejoindre ses camarades.

– C'est totalement exact, souligna Timothy. Quelques minutes plus tard, le cortège principal de 60 000 manifestants est arrivé sur les lieux. Rassemblés dans le recueillement autour des corps de leurs camarades abattus, ils firent preuve d'une retenue étonnante. Après une minute de silence, ils entonnèrent le chant des martyrs.

– *Martyras*, en grec, qui signifie également 'témoin', indiqua Yorgos, pour se rappeler à ses amis.

– Ensuite, lors de la dispersion, un groupe de manifestants a été surpris par des tirs depuis les fenêtres de l'hôtel Mitropolis, puis en d'autres points de la ville, provoquant encore une centaine de victimes ce jour-là. Un instant désorienté par les désapprobations unanimes internationales, Papandréou a considéré ces événements comme un 'don du ciel' car ils conduisaient à l'affrontement tant désiré : la 'bataille d'Athènes', évoquée en Grèce comme *Dekemvriana,* avait commencé. Churchill avait sa guerre, il pouvait désormais espérer désarmer la Résistance, même s'il dut affronter la colère des Communes demandant des explications sur les atrocités commises à Athènes, conclut Timothy, visiblement désespéré.

Souhaitant reprendre la main pour un éclairage qu'il prétendait rendre plus factuel et moins émotionnel, Yorgos poursuivit le récit à l'intention de Yannick.

– Le lendemain 4 décembre, la grève générale fut totale, jusqu'au personnel de l'hôtel Grande-Bretagne où siégeaient les autorités grecques et anglaises, des diplomates et la presse étrangère. De violents incidents se produisirent dans différents quartiers. Des adolescents des Jeunesses communistes, armés de mitraillettes et de *'conserves scobie'* - des boites chargées de deux pains de dynamite et de ferrailles baptisées aussi *'loukoumia'* - ont attaqué le siège des services secrets grecs, l'Asphalia, pendant que des *Elassites*, parmi lesquels Kostas, bien que blessé, incendiaient le bâtiment de la Sureté générale.

– J'espère que vous aurez l'honnêteté de préciser qu'à chaque fois, ces élans furent stoppés par l'arrivée de chars britanniques venus pour exfiltrer les traîtres, explosa Timothy.

Comme il n'en pouvait plus de ces pénibles interprétations, il profita de ce qu'il voyait arriver un autobus lui permettant d'attraper à temps son TGV gare Montparnasse, pour prendre congé des trois compères.

– Merci de ton témoignage et de ta fidélité, exprimèrent en cœur Yannick et Théo.

– On te tiendra au courant de nos recherches, s'empressa de compléter Théo, en l'embrassant, tandis que Yorgos parvint difficilement à lui souhaiter un très formel 'bon voyage'.

Chapitre XIII

Le souffle un peu court, Yannick avoua qu'il n'en pouvait plus. Yorgos lui proposa aussitôt de s'arrêter au bistrot le plus proche pour prendre un verre avant de reprendre le cours du récit interrompu sur les suites de Dekemvriana.

– Churchill avait donné pour instructions à Scobie, responsable du maintien de l'ordre à Athènes, de neutraliser ou détruire toutes les bandes qui approcheraient de la ville. La loi martiale fut proclamée l'après-midi même. Tandis que les délégations se succédaient à l'hôtel Grande-Bretagne pour exiger la constitution d'un nouveau gouvernement, on pouvait entendre le vacarme des canonnades et des bombardements de l'aviation britannique. En effet, le Parti communiste grec à qui cette bataille avait été 'imposée', tentait le coup de force pour faire plier Churchill et lançait 20 000 réservistes contre la capitale dans une 'bataille générale pour la liberté et l'indépendance complète de la Grèce'. En quelques jours, ELAS avait pris le contrôle presque total du pays, du Pirée et de la plupart des quartiers d'Athènes. Malgré les interventions désormais ouvertes des Tommys, il ne restait aux mains de la droite grecque et des Britanniques qu'une petite zone au centre d'Athènes. Cette situation conduisit Churchill à prélever des troupes en Italie pour porter ses effectifs en Grèce jusqu'à 75 000 hommes fin décembre.

Yannick ne put s'empêcher de clamer son étonnement.

– Comment Churchill a-t-il pu retirer des troupes du front italien alors même que Von Rundstedt déclenchait son attaque sur les Ardennes. Les Britanniques ont vraiment eu un sale rôle à cette période de la guerre. Me trompe-je ?

– Hélas, non, convint Yorgos. Lorsque les combats ont éclaté, ils n'ont pas hésité non plus à libérer les Bataillons de sécurité des camps tout proches du centre d'Athènes ou des locaux de l'École de gendarmerie. Simultanément, la Royal Air Force mitraillait les bastions de la gauche dans les quartiers. Les chars britanniques avaient remplacé les chars allemands, les officiers britanniques avaient remplacé les SS et la Gestapo. Rafles et maisons incendiées se multipliaient. Cette lutte sanglante dura six semaines au point que Roosevelt se serait étonné publiquement de l'usage de soldats britanniques pour tuer des maquisards grecs ! Finalement, dans la perspective d'une visite de Churchill à Athènes le jour de Noël 1944, les Tommys redynamisés sont parvenus à repousser les partisans communistes. Cette 'bataille d'Athènes', qui aura coûté quelque 16 000 morts supplémentaires, en majorité civils, s'est achevée le 15 janvier 1945 par un cessez-le-feu.

— Cela a-t-il marqué un retour à la normale ? osa espérer Yannick.

— Hélas, non ! répéta encore Yorgos. Chaque famille, chaque village, chaque parti avait un ou plusieurs des siens à pleurer... et à venger. Et la vengeance de la droite au pouvoir fut à la mesure des pertes et de la peur subies. Ce fut le début d'un chapitre mentionné dans l'histoire grecque comme la 'Terreur blanche'. Les tribunaux jugeaient à tour de bras toute personne soupçonnée d'avoir aidé ELAS pendant la Dekemvriana, ou pendant l'occupation nazie. Des résistants furent même condamnés à mort pour avoir tué des Allemands ou des collabos ! Près de 15 000 condamnations à mort été ont prononcées jusqu'en 1950 dont près de la moitié ont été suivies d'exécution. 12 000 personnes ont été arrêtées, envoyées dans les camps de concentration, notamment à Makronissos et Yaros, torturées jusqu'à leur signature d'une 'déclaration de repentance' comme du temps de Metaxàs, voire assassinées, achevat-il alors qu'il payait les boissons.

Reprenant leur marche, Yorgos qui avait rongé son frein en écoutant Timothy illustrer les méfaits de ses compatriotes, était trop heureux de pouvoir donner à Yannick un éclairage qu'il assura 'plus impartial', vu du côté grec.

— Nul ne prétend qu'ELAS ou que l'Armée démocratique de Grèce qui l'a remplacée ensuite ne furent que des victimes. En réponse aux attaques des milices, ELAS avait emmené lors de sa retraite d'Athènes quelque 16 000 prisonniers. Ce fut une décision maladroite qui a entaché sa popularité dans les campagnes et a pu conduire à des dénonciations qui ont facilité la tâche des forces gouvernementales dans la reconquête de nombreux territoires. Et s'il y a eu une 'terreur blanche', il y a eu aussi une 'terreur rouge' au cours de laquelle les *Elassites* ont donné autant qu'ils ont reçu. De plus, je me dois de souligner que des divergences importantes étaient apparues dans les hautes sphères communistes conduisant le Parti à se doter d'une police secrète - l'OPLA - afin de combattre ses ennemis de l'intérieur, réels ou supposés tels.

– Cela devait davantage concerner Agaton, hiérarque du parti, que Kostas, militant de base, déduisit Yannick.

– Logiquement, oui, mais nombreux étaient les militants qui n'avaient pas compris lorsque certains ont plaidé pour le compromis avec la droite et la dissolution de leur force armée : ceux-là n'ont pas hésité à s'inscrire en désaccord avec les instructions venues d'en haut.

– Et là, c'est Kostas qui est visé ! Mais cela pourrait-il justifier aujourd'hui une action aussi tardive ?

– Qui sait ? s'interrogea Yorgos, soudain ébranlé par cette hypothèse, avant de reprendre son récit. ELAS était alors structuré en deux armées, celle du Sud commandée par Siantos et Mandakas avec 18 000 combattants, et celle du Nord dirigée par Saraphis et Vélouchiotis, un peu plus fournie avec 23 000 combattants, hommes et femmes. Et dis-moi Commissaire, pourquoi, au lieu de concentrer ses forces à Athènes, là où se jouait la bataille décisive, le Parti a préféré lancer une grande offensive ... contre les restes de l'EDES en Épire et un autre groupe en Macédoine ? Pourquoi Siantos et ses camarades du KKE ont-ils accepté la dissolution de leurs propres forces armées et une non-participation au gouvernement, comment pouvaient-ils espérer que les militants avalisent les propos de Siantos quand il finit par convenir "*qu'il était utile que l'armée britannique soit présente en Grèce et que le conflit entre Churchill et ELAS n'était qu'un regrettable malentendu* ".

– Les dirigeants staliniens ont dû craindre une révolte de la base contre ces dispositions qui les forçaient à rendre leurs armes en échange d'une amnistie en trompe-l'œil, raisonna Yannick.

– A juste titre, même si les accords signés à Varkiza étaient censés mettre fin à la première phase de la guerre civile et permettre la réconciliation du peuple grec avec la libération de milliers de prisonniers politiques et le désarmement des combattants. Yannick, tu peux me confirmer qu'en France, ceux qui avaient combattu les nazis ont été respectés dans la société d'après-guerre, indépendamment de leur idéologie. En Grèce, l'incroyable, unique en Europe, est advenu. Après la reddition de la gauche, vaincue et traumatisée, les résistants ont été déconsidérés, humiliés, harcelés, emprisonnés et torturés par ceux-là mêmes qui avaient collaboré avec les nazis, sous couvert britannique, tandis que les anciens collaborateurs retrouvaient une place dans les organes plus ou moins officiels de répression.

– Certains *Elassites*, dont Kostas, ont refusé d'obéir aux directives décalées du Parti communiste de rendre leurs armes et ont préféré les enterrer, intervint Théo. Grand-père a alors quitté Athènes pour continuer le combat dans les montagnes où 'l'Armée démocratique' avait été constituée comme une armée de guérillas sous les ordres d'Aris Vélouchiotis en désaccord avec la direction du Parti communiste grec. Désavoué et exclu le 16 juin 1945, celui-ci tombait comme par hasard le jour même dans une embuscade de la Garde nationale et de groupes paramilitaires. Il se serait 'suicidé', une mort si opportune pour l'entente anglo-soviétique du moment que des esprits malins ont vu dans cette coïncidence la main des services russes, le NKVD ! souligna-t-il en regardant froidement son père.

Se retenant de toute réaction, Yorgos reprit calmement.

– La guerre finie, la Grèce fut dirigée au printemps 1945 par un conglomérat de monarchistes ultras et modérés, de républicains ayant adhéré aux thèses du Palais et d'anciens fascistes. En réalité, le pouvoir était partagé entre l'État officiel, au fur et à mesure que se succédaient des gouvernements modérés, voire teintés de progressisme, mais il se limitait quasiment à Athènes et trois ou quatre villes, tandis qu'en province, un 'État' paramilitaire et terroriste était sous le joug de bandes armées et d'une 'garde nationale' mise sur pied avec l'assistance britannique. De fait, la Grèce réarmait les 'collabos' sous le couvert des Anglais afin qu'ils persécutent les anciens résistants.

– C'est l'anarchie ou ça y ressemble, observa Yannick.

– Dans ce contexte, aux élections de mars 1946, la gauche était créditée de près d'un tiers des voix, donc en mesure de jouer le rôle d'arbitre entre une droite de plus en plus forte et des libéraux affaiblis par leur inefficacité. Mais, pour protester contre l'occupation du pays par les Britanniques, le Parti communiste grec et le centre gauche n'ont rien trouvé de mieux que de boycotter les urnes laissant le champ libre à la droite. Avec 231 sièges sur 354, celle-ci a remporté une victoire sans appel, de plus favorisée par une fraude électorale massive et 40% d'abstention. Pratiquement assumée par l'État officiel, la 'terreur blanche' a proliféré tout au long de 1946. Et en septembre, un référendum mené dans des conditions troubles plébiscita avec 68 % de 'oui'…

– …le retour du roi Georges II. Tu nous racontes là un bien mauvais feuilleton et pour les communistes un sacré paquet de couleuvres à avaler, dis-moi, commenta Yannick.

– Tu ne crois pas si bien dire ! La violence implacable de la réaction grecque a poussé une fraction de la gauche grecque à reprendre les armes et le maquis pour s'engager dans une nouvelle guerre civile contre la droite et les Britanniques. Leurs 30 000 partisans, soutenus pendant quelque temps par les communistes albanais et yougoslaves, sont parvenus à tenir en respect pendant plus de deux ans les 150 000 soldats de l'armée de conscription gouvernementale. Mais les combats sont devenus de plus en plus difficiles du fait des bombardements réguliers de l'aviation gouvernementale tandis que des villages entiers étaient vidés de leur population par les combattants de chaque bord. En juillet 1947, Zervas…

– …l'ancien chef des '*chités*', rappela Yannick pour montrer qu'il avait intégré ces informations.

– …devenu dans la foulée ministre de la police, fit arrêter à Athènes puis déporter dans les îles près de 9 000 personnes dont Agaton, mon grand-père, qui y mourut des suites des tortures et de son refus de signer cette fameuse 'déclaration de repentir'.

Pour sa part, Adriani fut envoyée à Trikeri où l'on déportait à titre préventif les femmes, qu'elles soient communistes ou aient un lien de parenté avec eux.

Alors qu'épuisés, ils étaient enfin arrivés au restaurant, Yorgos s'efforça de conclure.

– Je suis content que tu aies pu découvrir cet épisode cruel et sanglant de notre histoire, connu de chaque Grec dans une version différente selon le côté où il se situe. Elle demeure curieusement indicible pour des millions de Britanniques qui, à l'exception de quelques hommes comme Timothy, savourent nos gloires antiques ou parcourent nos îles, façon *Mamma Mia*, parfois avec une certaine arrogance. Ce qui s'est passé ensuite en Grèce est en partie le fruit d'une absence de réconciliation avec notre passé. Certes, le tabou qui entourait cette guerre fratricide entre les résistants communistes et l'armée nationale a été timidement levé le 22 octobre 1981, soit 37 ans après la Libération du pays par les forces d'occupation allemande, lorsque le nouveau gouvernement d'Andréas Papandréou a bien voulu reconnaître officiellement le rôle de la Résistance contre les nazis. Et il a fallu attendre 1989 pour que le gouvernement reconnaisse officiellement la guerre civile qui n'était désignée jusqu'alors que comme une guerre de 'bandits'. Les cicatrices subsistent, tu t'en doutes. Profondes. Tu en percevras même peut-être des stigmates ou surprendras des commentaires ou des regards lors de notre petite réception, Yannick. Toi aussi Théo, si tu persistes à vouloir un jour aller là-bas humer 'tes racines'. Y a-t-il pour autant, dans tout cela, un mobile pour assassiner Kostas. Permets-moi d'en douter…, conclut-il, exténué par ce long parcours narratif, en s'effaçant pour laisser entrer Yannick et Théo.

Il ajouta, comme une excuse : "Je meurs de soif !".

Chapitre XIV

'Chez Aristophane' s'était peu à peu rempli des nombreux amis qui avaient assisté à la cérémonie, une assistance renforcée par les commerçants et autres voisins du quartier Mouffetard. Les tables avaient été repoussées sur le côté afin de libérer un large buffet chargé d'un grand choix de *mézés* : caviar d'aubergine, rissoles de blé concassé farcies à l'agneau, calamars farcis, et baklava pour finir. Une lancinante rumeur de '*rébétiko*'[1] tentait de se faufiler entre les conversations feutrées au départ, plus animées au fur et à mesure que les convives délaissaient leurs mines compassées et laissaient libre cours au feu des conversations.

Bien qu'il n'ait jamais été d'un naturel timide, Yannick se sentait un peu incongru au sein de cette assemblée. Une myriade de questions agitait son cerveau après toutes les informations emmagasinées pendant leur trajet de retour du Père-Lachaise. Certaines au premier abord futiles, d'autres plus fondamentales comme ces pièces de puzzle indispensables pour structurer le cadre et permettre d'aboutir peu à peu à l'image finale.

Après s'être servi une assiette de mézés et un verre de vin blanc sec de Thessalonique, il alla s'asseoir dans un coin plus calme et sortit de sa poche son carnet afin de dresser une liste de ce qu'il lui faudrait approfondir au cours de ses prochaines conversations avec Yorgos. Il avait observé avec un certain étonnement la propension du restaurateur à conserver une distance par rapport aux différents événements qui avaient marqué la vie de son père. Il avait noté la facilité avec laquelle son ami faisait sienne l'histoire officielle et combattait quasi

---

[1] - Rébétiko est une musique née dans les fumeries de haschisch (tékés) et les prisons des principales villes grecques au début du XX° siècle. De tradition orale avec une place importante laissée à l'improvisation, ses textes traitent de la vie d'une sous-culture urbaine dont les normes étaient à la fois d'inspiration mafieuse et politique. Beaucoup de ces chansons étaient longtemps interdites en Grèce, principalement à cause de leurs positions non-conformistes et anti-autoritaristes.

systématiquement les interprétations de Théo, tiraillé entre sa passion pour son papou et son envie de magnifier ses faits et gestes. Il avait beaucoup apprécié le récit de Timothy, même s'il y distinguait un fort parti pris contre les exactions commises par ses concitoyens, sous la houlette ferme de Churchill, pourtant héros inattaquable. Balayant des yeux les gens qui se pressaient autour du buffet, Yannick se dit qu'il aimerait entendre d'autres témoins de ce type, espérant que certains soient présents ce soir.

Une femme âgée, toute de noir vêtue, qui marchait avec difficulté en s'aidant d'un déambulateur, vint s'asseoir à ses côtés. Après avoir chaussé ses lunettes, elle se tourna vers le Commissaire qui sentit son regard s'appesantir sur lui. Il se tourna vers elle et lui sourit afin de faciliter le contact.

– Vous, vous n'êtes pas grec ! lui décocha-t-elle sans ménagement.

– J'espère que ce n'est pas un défaut irrémédiable, répondit-il, marquant inconsciemment un léger recul, avant de préciser : Je ne suis qu'un modeste Breton, mais nous sommes comme les Grecs un peuple de marins !

– Bien sûr. Excusez cette remarque déplacée, mais vous dénotez un peu au sein de cette assemblée. Qu'est-ce qui vous lie à la famille de Kostas ?

– Je suis un ami de Yorgos et le parrain de Théo. Et vous ?

Elle se présenta

– Angeliki. J'étais professeure de philosophie. Aujourd'hui, retraitée. Cela fait plus de vingt ans que les Panantolis ont débarqué en France et ont ouvert leur établissement, juste en face du restaurant crétois, maintenant tenu par mon fils. Si vous vous penchez un peu, vous apercevrez de l'autre côté de la place un bout de notre terrasse. Nous avons toujours eu des relations franches et amicales avec Kostas…

Elle laissa sa voix en suspens, à la recherche d'une formulation acceptable, avant de poursuivre :

– C'est parfois un peu plus difficile avec Yorgos qui est d'une nature plus secrète, moins liante. Il peut facilement se laisser aller à la critique, voire à l'arrogance envers ses confrères qu'il a tendance à ne voir que comme des concurrents alors que sa cuisine, plus raffinée, plus inventive, ne le fait naturellement pas boxer dans la même catégorie, comme sa clientèle en atteste d'ailleurs.

Yannick s'efforça de l'entraîner sur un terrain moins personnel.

– Je n'ai jamais pensé à lui demander mais savez-vous pourquoi il a appelé son restaurant 'chez Aristophane' ? Ce n'est pourtant pas un lieu à prétention littéraire. Bacchus ou Obélix, dont je ne connais pas les équivalents grecs, m'aurait semblé plus approprié…

Amusée, Angeliki répondit.

– Le Bacchus de la mythologie romaine, dieu de la Végétation, de la Vigne et du Vin, est assimilé au dieu grec Dionysos dont le nom dérive d'ailleurs de celui de *Bacchos*, un autre nom que nous lui donnons. Mais on trouve aussi nos Dieux dans la cuisine. Dans la Grèce ancienne, le foyer '*oikos*' était le centre de la maison : alors, ce serait Hestia, la déesse de la maison. Quant au choix du nom d'Aristophane, c'est sans doute parce que dans ses comédies, flirtant en permanence avec le pamphlet, il n'hésitait pas à s'attaquer avec audace à la fois aux humains et aux choses, aux idées et aux institutions. Ses pièces, riches en allusions, en critiques acerbes, parfois aussi en conseils, peuvent entrer en résonnance avec des événements de tout temps, jusque et y compris contemporains. Figurez-vous qu'en 1960, le ministre de la Culture, pourtant homme de lettres réputé, fit interdire Aristophane, jugé alors 'subversif'. Et pendant la dictature des colonels, même punition : il est vrai que tous les arts étaient soumis à la censure de la junta, même le Rébétiko que nous entendons en ce moment. Alors, Kostas et Yorgos ont tout naturellement choisi ce nom quand ils ont ouvert leur restaurant à Paris.

Tandis qu'un jeune homme qu'on lui indiqua comme LE poissonnier de la rue Mouffetard, venait s'asseoir aux côtés d'Angeliki, Théo qui cherchait à qui présenter son parrain vint le chercher.

– Je vous l'emprunte pour lui présenter un ami… Elle t'a raconté des choses intéressantes cette ancienne prof' ? poursuivit-il, en tirant Yannick par le bras.

Sans attendre la réponse, se faufilant entre les convives, ils s'approchèrent d'un homme qui se tenait appuyé au bar, droit comme un I. Un verre dans chaque main, il semblait perdu dans ses réflexions, à moins qu'il fût simplement en train d'essayer de se souvenir à qui était destiné ce deuxième verre.

– Je peux, peut-être, vous soulager d'un de ces verres, sauf si, bien sûr, il était destiné à quelque jolie femme, suggéra Yannick, balayant l'assemblée de son menton.

L'homme, qui s'appelait Manolis, se présenta comme un universitaire grec, historien, aujourd'hui retraité, mais auteur d'un ouvrage intitulé "l'histoire grecque contemporaine revisitée". Il avait émigré en France, juste après la dictature des colonels, soit quelques années avant Yorgos qu'il avait 'côtoyé', s'était-il contenté de préciser. Yannick le délesta doucement du deuxième verre et trinqua.

– *Yec'hed Mat*, dit-on, nous autres Bretons.

– Pour nous, c'est '*Yamas*', rétorqua Manolis, sans se laisser démonter.

– Ça sonne presque pareil, concéda le Commissaire en levant son verre. L'essentiel, c'est d'être ouvert aux autres et de les écouter. Puis-je vous demander dans quelles circonstances vous avez 'côtoyé' Yorgos ?

– J'ignore le niveau de vos connaissances de l'histoire de notre pays…

– Quasiment nulle, je dois l'avouer. Yorgos m'a brossé un rapide panorama de la résistance et des guerres civiles jusqu'aux années 50', mais cela demeure très embryonnaire. Alors, laissez-vous aller à combler mes lacunes, l'invita-t-il avec modestie.

– Sans remonter trop loin, permettrez-moi un bref retour en arrière. En 1961, la Grèce, qui découvre la société de consommation, signe un accord d'association avec la Communauté économique européenne dans la perspective d'une adhésion… 18 ans plus tard ! Afin de se rendre présentable, elle doit fermer ses camps et mettre fin à certaines pratiques. Une nouvelle classe moyenne fait son apparition tandis qu'un double mouvement de population marque cette période : pendant que 700 000 personnes fuient la Grèce pour les États-Unis, l'Allemagne, la Belgique et l'Australie, la population d'Athènes passe de 600 000 à un million d'habitants, résultat de forts courants d'immigration. Ce flux ne s'inversera qu'à partir de 1973. Constantin Karamanlis, Premier ministre pro-oncle Sam, néglige les réformes vitales ; il limite son pragmatisme au domaine économique et se contente d'améliorer le niveau de vie de la population à coup de clientélisme, d'en enrichir une partie tout en laissant perpétuer des mesures d'exception et de chasse aux sorcières. Les instruments d'un État toujours autoritaire, parfois encore violent, demeurent une administration arbitraire et corrompue, une culture obscurantiste. Je vous donne un exemple : le *'certificat de civisme'*, délivré par la police comme une attestation que l'on n'était pas soi-même ou sa parenté, communiste ou lié à des activités 'subversives', demeure d'actualité depuis 1948 : initialement limité à la fonction publique, il était encore exigé pour l'inscription dans les écoles et universités, les demandes de bourses, les permis de conduire, voire dans certaines entreprises privées. Si un minimum d'État de droit règne à Athènes, la province reste à la merci de la gendarmerie et de l'armée qui encouragent et soutiennent des organisations 'patriotiques' ou paramilitaires lesquelles font régner la terreur envers tout ce qui n'était pas conforme aux 'valeurs nationales'. Police et justice assurent une large impunité aux violences et règlements de comptes. En mai 1963, l'assassinat à Thessalonique du député de gauche, Grigoris Lambrakis, député et ancien chirurgien de l'ELAS, déclencha une crise contraignant Karamanlis à la démission.

– Un événement magistralement reconstitué dans le film de Costa Gavras, « Z » comme Zoe qui signifie 'vie'. Tu l'as vu, Théo ? interpella Yannick, concentré.

– Novembre 1963, puis février 1964, de nouvelles élections donnent la majorité absolue à l'Union du Centre avec 57 % des sièges. Exclus du pouvoir depuis dix ans, les centristes vont se rattraper, menant une politique empreinte de favoritisme et de compromissions. Bénéficiant d'un réel soutien populaire, le libéral Georgios Papandréou, alors âgé de 76 ans, a lancé un programme de démocratisation, de démantèlement de l'État parallèle, de réforme de l'enseignement et mène une politique étrangère plus indépendante. Mais il était écartelé entre l'aile conservatrice de son parti et l'aile progressiste menée par son fils, Andréas, qui, élu député en 1964, était entré au gouvernement.

– Entre les Papandréou, les Mitsotakis, les Karamanlis, les Vénizelos… ce sont des vraies dynasties familiales qui tirent les ficelles chez vous… s'étonna Yannick.

– Vous ne croyez pas si bien dire, admit Manolis. En Grèce, la chose publique est souvent une affaire familiale, tout cela sur fond de scandales avec une très forte corruption à tous les niveaux de l'État, tous gouvernements confondus. On aura rarement vu une coupure plus profonde entre la Société civile qui aspirait au changement et une classe politique coupée des réalités, uniquement préoccupée de ses intérêts politiciens et matériels. Enfin, malgré tout, la Grèce sortait timidement de la nuit.

– Avec la suppression des déportations, des milliers de Grecs, voués depuis longtemps aux cachots et à la clandestinité, ont alors pu redécouvrir un fragile air de liberté, supposa Yannick.

– Oui, mais cette évolution a été aussitôt interprétée par l'establishment conservateur comme annonciatrice d'une prise de pouvoir imminente par les communistes. Vous ne pouvez pas imaginer la haine que la droite conservatrice, soutenue par le Pentagone et la CIA, nourrissait à l'égard des Papandréou ! souligna Manolis, guettant l'attention de Yannick et Théo. Andréas surtout, présenté comme un extrémiste irresponsable, menant son père sénile par le bout du nez et le pays à la catastrophe, était devenu pour l'extrême droite 'l'homme à abattre'. Le 29 novembre 1964, à la suite d'un complot ourdit pour renverser Papandréou par le jeune roi Constantin, appuyé par des officiers royalistes, des conservateurs et la CIA, une bombe a explosé au moment précis où l'ensemble de la classe politique commémorait la résistance au nazisme et le 22° anniversaire de la destruction du viaduc de Gorgopotamos, l'un des faits d'armes de notre ami Kostas que Yorgos a dû vous raconter.

Yannick et Théo hochèrent la tête sans l'interrompre.

– D'autres attentats et 'sabotages' ont suivi, orchestrés au sein d'une unité militaire commandée par le lieutenant-colonel Papadhópoulos, futur dictateur. En échec sur la question chypriote, Georges Papandréou fut poussé à la démission en juillet 1965 laissant place à une succession de gouvernements fantoches éphémères jusqu'à la fin de 1966. D'importantes manifestations se sont déroulées à Athènes, comme dans toutes les villes de Grèce, pour réclamer le respect de la légalité constitutionnelle et de l'ordre démocratique. Comme tout le monde s'accordait à prédire aux élections de mai 1967 un triomphe de cette alliance de gauche de Georges et Andreas Papandreou (l'Union du centre), un mois avant un coup d'État militaire a été fomenté dans la nuit du 20 au 21 avril par une organisation proche de la CIA, appliquant à la lettre les prescriptions du 'plan Prométhée' conçu par l'OTAN pour être mis en œuvre en cas d'insurrection communiste.

– Prométhée, c'est un drôle de nom pour un programme militaire. Mais de quoi s'agissait-il ? demanda Yannick.

– Prise de contrôle du ministère de la Défense, encerclement du Parlement, du Palais royal, de la radio et des centres de communication... Le plan prévoyait également l'arrestation de Georges et Andréas Papandreou, ainsi que, au cours des cinq heures qui suivaient, de plus de 10 000 citoyens conduits vers des 'centres d'accueil', notamment le stade du Pirée. Endormie, Athènes n'a naturellement offert aucune résistance. À mon réveil, j'ai constaté que le téléphone avait été coupé, que des policiers embarquaient nos voisins... tandis qu'à la radio, un certain colonel Papadhópoulos annonçait qu'avec le colonel Pattakós et le général Ioannidis, ils se trouvaient "*dans l'obligation de prendre le pouvoir afin de défendre la démocratie, la liberté et le bonheur*".

– Rien que ça ! s'esclaffa Yannick.

– Bien qu'auto baptisé 'révolution nationale du 21 avril 1967', ce régime que vous désigniez comme la 'dictature des colonels' fut instauré sur les bases d'un anticommunisme affiché et d'un ordre moral rigoureux. Je vous donne quelques exemples en vrac : interdiction de jouer certaines pièces d'Aristophane, de Sophocle et d'Eschyle, de pratiquer les mathématiques modernes, de porter la minijupe ou les cheveux longs, d'affirmer que Socrate était pédéraste, d'écouter Theodorakis... Onze articles de la Constitution ont été suspendus, la loi martiale et la censure rétablies. Au nom de la lutte contre le communisme, des arrestations de masse ont conduit le régime à remplir les prisons, à ré ouvrir certains bagnes, à pratiquer la torture. Des milliers de Grecs ont retrouvé le chemin des cachots tandis que l'Église orthodoxe entrait en politique en échange du soutien de sa hiérarchie. C'est à cette occasion que ton père et moi, précisa-t-il à l'intention de Théo, nous nous sommes rencontrés au camp de Yaros, une île aride et inhabitée au nord de l'archipel des Cyclades.

Ayant entendu cette dernière phrase, Yorgos, hôte du jour, qui se déplaçait de groupe en groupe pour les remercier de leurs présences, jugea bon de l'interrompre sur le ton de la plaisanterie.

– Je vois que Manolis est en train de vous raconter nos dernières 'colonies de vacances'. Vous êtes en de bonnes mains. Bon courage. À plus tard, conclut-il en louvoyant vers d'autres convives.

Furieux, Manolis lui jeta un regard noir, chargé de lourds reproches.

– Ce pseudo humour me paraît totalement déplacé. Je n'aurai jamais osé tourner en dérision notre séjour à Yaros, même si, pour des raisons qui me sont inconnues, le sien fut plus court que le mien. Grace aux vents violents, rien ne pousse sur ce caillou. Cela n'a pas empêché un des colonels de la junte de considérer comme 'idyllique' ce pire lieu d'exil, lors de sa visite d'inspection. Aux 14 500 personnes qui y furent internées entre 1947 et 1952, il faut en ajouter plus de 6 000 sous les colonels. Et si l'humour de Yorgos fait allusion aux événements de 1973 à l'occasion desquels nous nous sommes retrouvés par hasard, je ne le partage pas davantage, dit-il, renversant à moitié son verre dans un mouvement de fureur.

– Que s'est-il passé en 1973 ? demanda aussitôt Yannick, pressé d'interpréter la colère de Manolis.

– En février, des élèves de la faculté de droit avaient commencé à manifester contre la junte. Cela ne l'avait pas dissuadée de truquer un référendum visant à détrôner le roi et à installer Papadhópoulos à la présidence de la République. Le 13 novembre, les étudiants de l'Université Polytechnique Nationale d'Athènes se sont soulevés contre le régime avec pour slogan "*du pain, de l'éducation, de la liberté*". Des étudiants de toutes les universités se sont regroupés au centre d'Athènes pour les soutenir. De très nombreux citoyens, parmi lesquels Yorgos que je n'avais pas cherché à revoir, se sont associés au mouvement et ont contribué à l'implantation d'un hôpital de fortune dans l'École pour y soigner les blessés. Ils ont également pris une part active aux manifestations qui enflammaient les rues lors des affrontements avec les forces de l'ordre. Lorsque les universités de Salonique et Patras ont également été occupées, le régime militaire a engagé une répression violente. Tard dans la nuit du 17 novembre, l'armée a massé ses blindés devant l'entrée du Polytechnique avant d'y pénétrer de force. Le bilan officiel fit état de 34 morts : en vérité, plus d'une centaine d'étudiants ont été massacrés tandis que de très nombreux blessés ont été obligés de se cacher pour éviter d'être arrêtés. Quelques jours plus tard, un coup d'État conduisait au remplacement de Papadhópoulos, jugé trop laxiste par ses pairs, par le général Gizikis. En fait, le véritable pouvoir demeurait entre les mains du chef de la police militaire, Demetrios Joannides et la répression qui a suivi pendant huit mois a été terrible : assassinats politiques, emprisonnement, tortures.

– Quelle porte de sortie ont-ils trouvée ? s'enquit Théo, qui suivait bouche bée.

– Un temps soutenu par les Américains et le clergé orthodoxe, le régime s'est trouvé de plus en plus isolé au niveau international. Il a tenté une diversion en soutenant le coup d'État des Chypriotes grecs qui réclamaient le rattachement de l'île à la Grèce. Ce fut un échec cuisant avec une conséquence dont nous souffrons encore aujourd'hui : l'invasion du nord de l'île par l'armée turque. À bout de souffle, le régime des colonels fut balayé le 23 juillet 1974. Après sept années de dictature, à l'occasion du changement de régime, la Grèce est redevenue une démocratie parlementaire et a redécouvert une partie importante de son passé refoulé jusqu'alors, celui de la résistance de gauche, de la guerre civile, des camps et des prisons. Au mythe du 'danger communiste' a succédé dans une sorte de révolution culturelle non-violente celui de la 'gauche héroïque' écrasée par les réactionnaires et 'l'étranger'. Aux élections suivantes, près de 10% des suffrages se sont portés sur des membres du Parti communiste grec lequel fut légalisé après vingt-sept ans d'interdiction ! Plus de 20 000 expatriés forcés ont enfin pu rentrer. Voilà, je vous ai tout dit. Faites-en bon usage ! conclut Manolis, en leur serrant la main avant de s'en aller.

– Celui-là, il est venu par amitié pour Kostas plus que pour ton père, résuma Yannick en confidence à l'oreille de Théo. Je ne vois pas dans son récit de mobile à l'égard de Kostas, tout au plus à l'égard de Yorgos pour lequel il pourrait nourrir quelques rancœurs si leur présence conjointe dans le camp de Yaros a laissé des cicatrices mal refermées. Mais dis-moi, si j'ai bien tout compris ce que j'ai entendu ces derniers jours, il doit bien y avoir la moitié des Grecs parmi les assassins potentiels de l'autre moitié. Je m'y perds un peu, avoua-t-il. Tu voudras bien m'excuser auprès de ton père, mais je n'en peux plus, je me rentre.

Mais déjà, Théo avisait un petit homme, tout vouté sur sa canne, dont le physique pouvait laisser imaginer qu'il devait avoir le même âge que Kostas. Yannick fut conforté dans cette idée quand Théo lui confessa que cet homme avait côtoyé son grand-père au camp de Makronissos en 1947. Il s'appelait Christophoros et tenait avec son fils une toute petite librairie spécialisée sur la Grèce, rue de Vaugirard. Mais il ne parlait que grec, ce qui ne faisait l'affaire ni de Théo ni de Yannick. Et son fils, Spiros, n'était pas là. Restait donc à trouver un ou une interprète.

– Et si on demandait à la prof' de tout à l'heure, suggéra Yannick.

– Bonne idée, acquiesça Théo.

Aussitôt, ils entraînèrent gentiment Christophoros pour l'asseoir à côté d'Angeliki. Elle leur traduisit qu'il était trop fatigué pour se livrer à un échange, compliqué par le brouhaha environnant, mais les invitait à venir prochainement le rencontrer à la librairie où son fils leur servirait de traducteur.

Yannick prit congé tandis que Théo retournait près de son père pour accueillir les retardataires et ranger le restaurant qui reprenait dès le lendemain son activité normale.

Chapitre XIV

Vendredi 28 novembre 2008

L'argument selon lequel 'l'ami russe' qu'ils avaient manqué au Père-Lachaise n'habitait pas loin de l'école d'architecture avait convaincu Yannick de venir chercher Théo à la sortie de ses cours pour tenter ensemble de le rencontrer.

– Si tu m'en disais un peu plus sur ce monsieur ? demanda-t-il alors que Théo montait dans la voiture.

– C'est un prof' de sciences politiques, spécialiste des relations du Parti communiste avec les partis frères en Europe. À ce titre, il s'est intéressé plus particulièrement à la période où des exilés communistes grecs ont été exfiltrés à Tachkent. Il avait rendu visite à Kostas l'an dernier sur ce thème. Tu apprécieras le clin d'œil, notre Moscovite habite rue Lénine à Ivry. Çà ne s'invente pas ! ajouta Théo, en pouffant. Et s'il n'est pas là, tu n'auras pas perdu ton temps car l'architecture de cet ensemble de logements collectifs dû à l'architecte Jean Renaudie, c'est 'collector'.

Décontenancé par ces bâtiments où l'usage des diagonales multiplie les angles en générant un jeu complexe de façades et de terrasses, Yannick s'efforça de faire bonne figure et de partager l'enthousiasme de Théo.

– Je ne conteste pas une forte et très intéressante présence visuelle, mais ça ne doit pas être facile à habiter.

– Il faudra que je t'explique, mais suis-moi, notre homme habite au quatrième.

Ils sonnèrent dans le vide. Faute de réponse, Théo demanda à une voisine qui rentrait chargée de ses courses si Vladimir était présent. Elle leur répondit que, la veille, celui-ci lui avait déclaré avoir dû bouleverser son emploi du temps pour se rendre à l'enterrement d'un vieil ami au Père-Lachaise, mais qu'il repartirait aussitôt après pour Moscou.

– Tu aurais peut-être pu t'assurer qu'il était encore là, lui reprocha Yannick. Maintenant que fait-on ?

– Tant pis, je trouverai d'autres sources sur cet exil forcé et les événements de Tachkent. Veux-tu que j'appelle la librairie de Christophoros pour voir s'il peut nous recevoir…

– …et vérifie si son fils est présent pour assurer la traduction, ajouta son parrain, échaudé par la précédente visite manquée.

Yannick était passé de nombreuses fois rue de Vaugirard sans jamais remarquer cette librairie. D'ailleurs, avec Théo, ils l'avaient encore manqué cette fois et avaient finalement dû rebrousser chemin. Il faut dire, pour leur défense, que la librairie *Epsilon*[2] portait bien son nom car elle n'occupait que trois à quatre mètres de façades sur rue, juste assez pour une porte encadrée de deux petites vitrines présentant surtout des ouvrages anciens. Pas de quoi attirer l'œil avec les jaquettes scintillantes des grands prix littéraires. Une fois à l'intérieur, la boutique paraissait s'enfoncer profondément en se faufilant entre des falaises de livres. Un homme en blouse grise qui se présenta comme étant Spiros, les pilota jusqu'au fond vers une pièce qui servait simultanément de bureau et de cuisine et où les y attendait Christophoros, son père.

Théo le remercia d'avoir trouvé le temps de les recevoir et, après avoir présenté Yannick, expliqua qu'ils essayaient de reconstituer l'histoire de Kostas et d'y découvrir un ou plusieurs personnages qui auraient pu avoir des raisons de l'assassiner. Après traduction par son fils, Christophoros fit part de son étonnement face à cette approche dramatique de la mort de Kostas, soulignant qu'il n'avait partagé sa vie que pendant la triste période où ils étaient, l'un et l'autre, prisonniers à Makronissos[3]. Après deux ou trois bouts de phrases, il fallait

---

[2]En mathématiques, ε utilisé pour désigner de petits nombres.
[3]Des prisonniers politiques ont continué à être transférés jusqu'en 1960 dans la prison militaire, abandonnée. un an plus tard, tout en demeurant propriété du ministère grec de la Défense jusqu'en 1974. Proclamée 'site historique le 16 mai 1989 par la ministre de la Culture, Mélina Mercouri, ses bâtiments ont été conservés à ce titre. En 1995, l'île a fait l'objet d'un décret de protection. On notera que, début 2013, des membres d'Aube Dorée, le parti néo-nazi qui

chaque fois attendre la traduction faite par son fils qui s'excusa d'avance pour les fautes qu'il pourrait commettre. Théo, fébrile, se rassurait en regardant Yannick qui, très concentré, sortait son carnet pour prendre des notes.

– Vingt-deux mois après la libération du dernier camp nazi à Dachau, le premier camp de concentration européen a été ouvert en mai 1946, à Makronissos. Inutile de vous rappeler qu'à cette date, la Seconde Guerre mondiale avait pris fin.

Spiros traduisait les dires de son père d'une voix hésitante.

– Makronissos était une petite île aride, rocheuse, sans un arbre parce que privée d'eau. D'une longueur de 13 km, d'une hauteur maximum de 300 m, elle se situe au large du cap Sounion, dans l'archipel des Cyclades, non loin des côtes de l'Attique, à l'ouest de Kéa et au sud de la ville de Lavrion, précisa-t-il en pointant sa position sur une carte placée derrière lui sur le mur de la cuisine.

– J'ajouterai, se permit Spiros à la fin de sa traduction, qu'une telle île faite de maquis, rehaussée par le bleu scintillant de la mer Égée serait aujourd'hui considérée comme un paradis de soleil. Mais ce n'était qu'un territoire stérilisé par le vent et gardé par les requins. Ses pierres sont encore prêtes à témoigner des souffrances dont elles ont été les témoins involontaires depuis l'antiquité, dit-il invitant d'un sourire son père à reprendre la parole.

– Ce bagne, le plus vieux de Grèce, avait déjà servi au transfert des prisonniers turcs de la Guerre des Balkans, puis à l'accueil des réfugiés grecs d'Asie mineure après 1922. Sous la dictature de Metaxás, Makronissos a été transformé en centre de détention où furent déportés de jeunes recrues, des détenus politiques, des communistes, des communisants ou suspects de l'être. Les conditions de vie, déjà très pénibles, y étaient devenues atroces quand, bien que la guerre mondiale soit achevée, le régime militaire grec interna de 1947 à 1951 plus de 80 000 Grecs dans ce camp généreusement financé… par le

---

venait de faire son entrée au Parlement grec, ont proposé sur une page Facebook de 'ré ouvrir les camps de Makronissos' pour y placer *'toute la gauche grecque'*.

plan Marshall ! Plusieurs bataillons de soldats 'suspects' y ont d'abord été transférés en raison de leurs idées sociopolitiques, puis tout un bataillon d'ELAS, parmi lesquels Kostas et moi. Au total, jusqu'à 10 000 militaires, rejoints peu à peu par autant de civils, à l'été 1949 ! précisa-t-il, regardant tour à tour Yannick et Théo.

Sa traduction achevée, Spiros demanda à son père la permission de leur expliquer le concept d'une *'Université nationale de rééducation'* qui fut appliqué à Makronissos.

– Dans le contexte de la guerre froide et de la prise du pouvoir à Athènes par les militaires, les libérateurs anglais et américains ont encouragé les nationalistes à *'casser du communiste'*, à laver le cerveau des 'rouges'. Originellement lieu de déportation, Makronissos devint un centre de rééducation où l'on entendait les faire renoncer publiquement aux principes marxistes et les transformer en *'parfaits citoyens'* au service de la patrie. La propagande présentait même cet internement massif comme un *'sanatorium national'*, un *'laboratoire de nationalisation'* devant permettre le *'retour de la population déviante vers le berceau d'une Grèce éternelle'*. La pression morale et la torture physique qui pouvaient aller jusqu'à la mort, s'accompagnaient de cours de *'rééducation civique'* afin de déconstruire leur identité en leur imposant un modèle du *'bon Grec'*, pétri des enseignements de la civilisation antique et de la religion orthodoxe. Insultes, harassements physiques, travaux épuisants, punitions arbitraires, la violence sous toutes ses formes était l'ordinaire du traitement administré aux prisonniers. La phraséologie des autorités s'appuyait tant sur des métaphores médicales - les prisonniers devaient se débarrasser du *'virus'* ou de *'la maladie mentale'* du communisme - que religieuses dans son éloge de la repentance. La mortification de la chair, préalable à la purification de l'âme, tout comme l'idée d'une expiation menant à une rédemption totale du signataire, s'accommodait assez bien du discours de l'église grecque, préoccupée du seul salut spirituel de ces *'brebis égarées'*. Certains popes avaient même troqué leur rôle de directeur de conscience pour celui de Grand Inquisiteur, comme ce Kornaros, l'archevêque en poste à Makronissos, qui ne s'embarrassait pas du secret de la confession pour dénoncer ses ouailles et assistait aux séances de torture qui leur étaient infligées en brandissant sa Bible.

– Ce Kornaros portait bien son nom, ne put s'empêcher de laisser échapper Yannick. Et je comprends mieux pourquoi Kostas a tant insisté auprès de Yorgos pour ne pas être enterré religieusement.

Le père et le fils ne purent s'empêcher de sourire à cette évocation. Puis, alors que Spiros se proposait d'en rajouter, Christophoros manifesta son impatience et l'interrompit d'un geste de la main pour reprendre la parole en grec, par petites phrases avec une respiration oppressante.

– Je veux témoigner de ce que Kostas et moi avons vécu à Makronissos... Les premières nuits suivant notre arrivée, nous avons été battus très durement. Et le vent qui soufflait agissait comme une torture naturelle amplifiée par les textes de rééducation diffusés en continu par les haut-parleurs... Tout sommeil réparateur nous était interdit, dit-il en faisant mine de se boucher les oreilles... Des chants, des slogans, des discours patriotiques mais aussi d'autres litanies comme la liste des repentis étaient égrenés avec fierté... Le lendemain, les tortures de toutes sortes reprenaient de plus belle... Il n'y avait pas de limite à l'imagination des tortionnaires qui nous forçaient parfois à assister à certaines d'entre elles.

Il s'interrompit pour rechercher un exemple.

– Un jour, j'ai vu un prisonnier dont seule la tête émergeait d'un sac de toile... Ces salauds l'ont jeté à la mer, un chat entre les jambes... Affolée, la bête se débattait toutes griffes dehors... leur laissa-t-il imaginer. Je sens encore parfois dans mes épaules les meurtrissures de ces lourdes pierres qu'il fallait transporter n'importe où, pour les ramener un peu plus tard ailleurs, puis encore ailleurs en un endroit où des répliques des célèbres monuments de la Grèce antique s'élevaient lentement avec force coups de bâton et de fouets, pour être démolis ensuite... C'est aussi au milieu de la nuit qu'ils venaient chercher ceux qui allaient être enfermés près de quinze heures dans des cages exposées en plein soleil... Kostas fut l'un d'eux, acheva-t-il, épuisé par son témoignage.

– A part le sentiment de domination du vainqueur, quand et comment savaient-ils qu'ils avaient abouti à un repentir valable à leurs yeux ? demanda Théo épouvanté.

– Si tu veux bien, papa, je vais expliquer, suggéra Stavros à son père, le voyant trop abattu pour commenter. La finalité était la signature d'une *'déclaration de repentir'* par laquelle les détenus abdiquaient ce qu'ils étaient, ce qu'ils furent, se repentaient d'avoir été un résistant, un 'rouge', un démocrate, un républicain, d'avoir combattu pour LA liberté. Il leur fallait répudier leur passé et leurs camarades avec une formule du genre : *'redevenu un nationaliste grec, je condamne avec dégoût toutes les organisations bulgaro communistes...'*. Ceux qui refusaient de signer se retrouvaient isolés, subissant dans des quartiers barbelés encore davantage de tortures tant psychologiques que physiques.

Christophoros lui fit signe qu'il voulait exprimer son ressenti.

– La signature agissait comme un mécanisme de déconstruction aussi bien de la personnalité des signataires que du lien social à l'intérieur de la collectivité des prisonniers. En effet, elle entraînait de facto la double exclusion du signataire, tant par l'ensemble des détenus à qui le Parti interdisait de signer, que par les pouvoirs publics qui demandaient sans cesse au repenti de prouver la véracité de sa reconversion, tout en continuant à le manipuler dans les mécanismes étatiques de propagande et d'accusation... Pour la plupart d'entre nous, refuser ce qui nous apparaissait comme une démission, c'était éprouver la satisfaction de demeurer des êtres humains et se donner la force de résister aux prochaines tortures... Bien sûr, à chaque instant, le dilemme était 'signer ou ne pas signer'... 'Dénoncer ou ne pas dénoncer'... 'Être bourreau pour n'être plus victime'... 'Ne jamais être bourreau et donc être toujours victime'.

– Comment, quand ils retournaient à la vie, ces repentis vivaient-il le fait d'avoir signé dans leur quartier, au sein de leur entourage ? Que devenaient-ils ? demanda Yannick, cherchant là d'éventuelles pistes de vengeance.

Après avoir traduit la question à son père, Stavros répondit.

– On leur demandait de prouver leur transformation en participant à la 'rééducation des traîtres' et en acceptant de devenir, à leur tour, des tortionnaires. La *'déclaration de repentir'* et les représentations qu'elle évoquait, entre apostasie et trahison, ont longtemps agi sur les signataires comme une injonction au silence tant ils ressentaient de la honte à évoquer ce viol de leur conscience. Il est très difficile de se dire qu'on n'est ni traître, ni apostat, mais juste un être humain qui a dû négocier sa survie physique en sacrifiant un peu de son idéal moral. Quand la dictature a pris, la parole des anciens résistants s'est un peu libérée tandis que la gauche retrouvait peu à peu une place sur l'échiquier politique, mais la *'déclaration de repentir'* a longtemps continué à agir comme une frontière séparant ceux qui avaient signé de ceux qui ne l'avaient pas fait, entre les repentis et ceux qui ne l'étaient pas.

– Je suis certain que Kostas n'a jamais signé cette déclaration, affirma avec fougue Théo, trouvant là une nouvelle occasion d'exprimer toute sa fierté pour son grand-père.

– Ni Kostas, ni moi n'avons signé, lui assura posément Christophoros en le regardant longuement dans les yeux.

– Se pourrait-il que Kostas ait été la victime tardive d'un repenti ? insista alors Yannick, toujours à la poursuite d'un mobile.

– Vous n'avez que l'embarras du choix, car, si, en janvier 1950, près de 1 500 prisonniers de Makronissos avaient refusé de signer, 16 768 avaient accepté !

Puis Christophoros leva la main pour demander une pause. Il se dirigea en claudiquant vers les rayonnages de la librairie. Revenant avec un livre ouvert, il s'exprima pour la première fois en Français, très lentement mais avec une forte détermination, en s'adressant Yannick.

– Tu dois lire Mikis Theodorakis... Je t'offre son livre... *'Les chemins de l'archange'*[4]... Il témoigne, mieux que moi des

---

[4] - Les chemins de l'archange : Staline, Debussy et Dionysos, Mikis Theodorakis, Editions Belfond, 1990

tortures qu'il a endurées à Makronissos où on lui a brisé la jambe droite, cassé plusieurs côtes et bousillé un poumon.

Feuilletant le livre, il le confia un instant à Théo en lui indiquant le passage qu'il voulait qu'il leur lise à haute voix.

" *La pensée était atteinte la première, puis le sang, les nerfs, puis les muscles dont les signaux revenaient percuter le cerveau avec violence, redoubler la souffrance de la pensée. Pieds, ongles, couilles, ventre, nez, yeux, oreilles n'étaient plus que gémissements* " leur lut Théo, la voix apeurée.

Ému, Yannick s'étonna de ce que ces révélations ne soient pas davantage présentes dans les livres d'histoire. Spiros précisa :

– De rares personnalités françaises ont protesté à Paris, à coups de pétitions ou de manifestations, aux premiers rangs desquels on trouvait Aragon, Sartre ou Éluard. L'ONU s'est contentée de faire part de son 'inquiétude'. Cela n'a pas empêché les militaires grecs de prolonger ces camps jusqu'en juillet 1950, période où une minorité de prisonniers fut libérée, la majorité étant contrainte à l'exil. Papa s'est alors exilé en France où il vit depuis et où je suis né, précisa Spiros.

Théo était blême, comme tétanisé par ce qu'il avait entendu et que son grand-père s'était bien gardé de lui révéler aussi précisément. Remerciant Christophoros et Spiros de leur accueil, Yannick empoigna son filleul par le bras pour sortir de la librairie, lui faire faire quelques pas jusqu'à ce qu'il reprenne quelques couleurs.

Chapitre XV

Mardi 2 décembre 2008 - Moscou

L'impossibilité de discuter avec son père qui s'enfermait dans l'histoire officielle et campait fermement sur l'hypothèse de l'accident plutôt que celle d'un meurtre de Kostas, les avait conduits dans une impasse. Théo avait maronné toute la nuit. Il fallait qu'il en sorte et suive sa route. Au prix d'un effort considérable, il avait pris la décision de se rendre sur les lieux où son grand-père avait vécu, s'en imprégner, y chercher les réponses aux questions qu'il se posait. Une certaine sérénité l'avait peu à peu gagné tandis qu'une petite voix intérieure lui susurrait en boucle qu'il avait raison. " *Tu n'as pas d'autres solutions* ", s'était-il finalement convaincu, puisque son père persistait à faire l'autruche et se refusait à imaginer qu'un acte, une parole, un grain de sable dans la vie de Kostas avaient plus ou moins consciemment fait germer ce qui pourrait apparaître comme un mobile à un meurtrier.

Partir dans cette quête avec son père, comme celui-ci lui avait mollement suggéré, n'aurait était d'aucun secours tant il était prompt à se ranger aux versions les plus officielles. Cela l'aurait même freiné, se rassura-t-il. Et il n'avait pas osé demander à son parrain de l'accompagner, pensant qu'il avait surement trop à faire. Il comprendrait sa décision et Théo se promit de le tenir au courant de ses démarches et rencontres… dans quelques jours !

Il fallait absolument qu'il s'immerge seul dans cette histoire grecque, dans cette société grecque dont on l'avait sciemment tenu à l'écart, même s'il risquait de mettre le doigt sur des cicatrices encore béantes. C'est incontestablement par ce biais qu'il pourrait s'approprier des pans de culture dont il avait été privé, ce que d'aucuns lui jetaient au visage en les appelant pompeusement 'ses racines'. Il n'avait pas peur. Juste une petite appréhension, pas tant de l'aventure à laquelle il n'avait pas eu le temps de se préparer mais de sa méconnaissance de la langue qui risquait de lui poser des problèmes de lecture et d'interprétation. Certes, il se débrouillait bien dans la langue de Shakespeare, mais il mesurait les limites de converser dans une langue qui ne serait ni la langue maternelle de son interlocuteur ou interlocutrice ni la sienne... et ce n'est pas les quelques mots ou phrases grappillés dans un guide touristique qui lui permettraient des échanges dans la langue... d'Aristophane, évoqua-t-il en souriant.

Aussi avait-il passé la veille à organiser la suite de son enquête. À partir de tout ce qu'il avait appris ces derniers jours, des questions qui n'avaient pas encore reçu de réponses, il avait établi un début de programme : rencontre de l'ami russe à Moscou avant de se rendre sur les lieux de l'exil à Tachkent, en Ouzbékistan. Par internet, il avait comparé horaires et tarifs des compagnies aériennes, réservé un vol Aeroflot qui permettrait lors d'une escale de plusieurs heures à Moscou, de rencontrer 'l'ami russe', avant d'arriver à Tachkent où il comptait séjourner deux ou trois jours. De là, il pourrait toujours rejoindre Athènes. Il ne lui restait plus qu'à envoyer un mail à Vladimir pour lui demander de le rencontrer, si possible en zone de transit de l'aéroport Sheremetyevo International, car il n'aurait ni le temps ni les papiers nécessaires pour se rendre dans la ville.

Mais il ne fallait pas traîner car son avion décollait à 16h15 de Roissy Charles de Gaulle. Profitant de ce que son père était parti tôt ce matin à Rungis pourvoir à l'approvisionnement du restaurant, il avait délicatement fouillé dans ses affaires pour y dénicher l'adresse de la 'tante maudite', prélever deux ou trois photos dans l'album. Et sur le chemin de l'aéroport, il s'arrêta à sa banque pour ratisser les quelques économies et dons qu'il avait pu y déposer consciencieusement sur un livret depuis ses quinze ans : anniversaires, mention au Bac, petits boulots.

Théo venait juste de débarquer à Moscou et se trouvait en zone de transit quand Vladimir le fit appeler et le faire accompagner vers le salon VIP d'Aeroflot où il l'attendait.

– Cher Théo, je tenais tout d'abord à m'excuser d'être parti si vite, avant même la fin de la cérémonie pour Kostas, mais d'autres engagements m'imposaient un retour impératif à Moscou. J'ai manqué votre petite réception mais elle s'est sûrement bien terminée au milieu de tous vos amis, imagina-t-il dans un français parfait, en roulant consciencieusement les R.

Puis, sans attendre la réponse, il fit signe à l'hôtesse pour lui passer une commande de 'pirojkis' et de vodka.

— Je suppose que tu meurs de faim à cette heure. Ces petits pâtés vont mieux te caler que le repas servi dans l'avion en classe éco, assura-t-il, en souriant. Combien de temps avons-nous avant que ta correspondance pour Tachkent nous sépare ?

— Je ne sais pas trop mais j'ai confié mon billet à l'hôtesse qui nous préviendra. Je te remercie sincèrement d'avoir pu te libérer car je n'aurais pas eu le temps matériel d'obtenir un visa pour me rendre en ville. Et je n'ai pu te prévenir plus tôt parce que je ne me suis décidé qu'hier à entreprendre ce voyage éclair sur les traces de grand-père. Comme Kostas t'avait présenté comme un éminent spécialiste des relations du Parti communiste soviétique avec les partis frères en Europe, je pense qu'à ce titre tu as étudié celles qu'il a entretenues avec le KKE, en particulier avec les exilés grecs qui se sont, comme lui, retrouvés à Tachkent.

— Tu sais sûrement qu'en août 1949 l'ultime défaite des forces communistes fut scellée à la bataille de Vitsi et de Gramos, deux pitons montagneux adossés à la frontière albanaise. Le gros des troupes s'est alors réfugié en Albanie, entraînant avec eux des milliers de civils des villages frontaliers. En quelques semaines, l'URSS et la Pologne ont mis en œuvre une opération secrète pour évacuer avec des moyens considérables ces 30 000 réfugiés et les déplacer vers les pays de l'Est. Les ex combattants ont été embarqués sur des cargos depuis le port albanais de Durres à destination des rives orientales de la Mer noire, d'où ils furent transférés à Tachkent en Ouzbékistan soviétique. Pour leur part, les civils, encadrés par des commissaires politiques, embarquaient sur d'autres cargos vers Gdansk d'où ils furent répartis dans les pays de l'Est, principalement en Tchécoslovaquie, en Pologne et en Hongrie. Pour sa part, le Bureau politique du KKE, alors interdit en Grèce, a pris ses quartiers en Roumanie avec sa direction, son appareil central, ses éditions.

– Mais pourquoi les ex combattants firent-ils spécifiquement l'objet d'un transfert à Tachkent ? insista Théo.

– Dans sa stratégie globale, la direction du KKE prônait, en étroite collaboration avec les partis frères, la dispersion des réfugiés grecs dans les républiques populaires. En revanche, en URSS, la direction du PCUS souhaitait contrôler le potentiel combattant de l'Armée démocratique grecque : elle avait donc choisi de les concentrer en un point unique. Et comme elle souhaitait éviter que cette concentration prenne place dans la partie européenne de l'Union soviétique, elle décida d'installer la plupart des hommes et des femmes qui avaient pris part aux opérations militaires de la guerre civile - dont 7 500 communistes, au cœur de l'Asie centrale, dans la capitale de l'Ouzbékistan qui faisait alors partie de l'Union soviétique.

– Je ne sais pas si je trouverai à Tachkent des grecs qui pourront me raconter ce qu'ils y ont vécu, mais Kostas se limitait à dire que ça ne s'était pas déroulé comme espéré, insinua Théo, souhaitant orienter la discussion vers la désignation d'opposants possibles.

– C'est exact. Dès les premières semaines de son installation à Bucarest, le Parti communiste grec s'est comporté comme s'il était un parti encore au pouvoir : il s'est attaché à créer une sorte de 'Démocratie populaire grecque', alors qu'il ne disposait pas d'un territoire précis et que ses militants en exil étaient dispersés de Tachkent à Prague ! En outre, les conditions climatiques de l'Asie centrale, difficiles pour un Européen du sud, l'environnement ethnique et social différent des montagnes du nord de la Grèce, le niveau culturel peu développé, les très dures conditions de logement, la fixation des règles de vie commune par 'ordres quotidiens' dans le cadre fermé de la collectivité des réfugiés ont contribué à alimenter mécontentement et insatisfaction chez nombre d'entre eux. Confrontés à des problèmes d'adaptation, ils allaient tout droit vers le conflit. D'autant plus que la plupart des 'Kapétanii', qui avaient encadré la résistance armée lors de la seconde guerre mondiale, se trouvaient dans leurs rangs. Jouissants d'un énorme prestige auprès des hommes sous leurs ordres pendant la guerre civile, ils osaient interpeller les responsables du Parti sans trop craindre de représailles et s'opposer à leurs ordres. Ainsi, forte de cette 'légitimité' guerrière, l'organisation du Parti communiste grec de Tachkent s'est avérée la plus turbulente, la plus revendicative du point de vue politique. Et elle accepta très mal les condamnations ultérieures de 'déviationnisme' pour ses membres alors même que ceux-ci avaient lourdement payé leur 'tribut du sang' pendant toutes ces années de lutte armée.

– Je suppose que cette fronde larvée a fini par inquiéter les dirigeants à Bucarest, raisonna Théo.

Tout à son explication, Vladimir, plus ou moins sans s'en rendre compte, vidait puis remplissait son verre de vodka de plus en plus frénétiquement, ce qui influait naturellement sur son débit et sur l'intelligibilité de ses propos. 'Comment un homme aussi petit peut-il ingurgiter autant d'alcool ?', se demanda Théo qui en était toujours précautionneusement à son premier verre !

– Bien sûr, la fronde croissante de l'organisation communiste grecque de Tachkent a inquiété sérieusement le Bureau politique dès 1953 car elle remettait en cause l'autorité de son secrétaire général, Nikos Zachariádis. D'autant plus qu'à la différence des autres démocraties populaires, de son côté le PCUS favorisait les éléments khrouchtchéviens, les 'rénovateurs' au détriment des 'staliniens'. Cette attitude a impacté directement l'organisation du Parti communiste grec à Tachkent, tant et si bien qu'au printemps 1955, comme les anti-zachariádis avaient réussi à prendre le pouvoir dans la quasi-totalité des cellules de base, le Bureau politique décida d'envoyer un médiateur, Dimitri Vlantas, chargé de rétablir la situation au profit des partisans du secrétaire général et de préparer les travaux d'une Conférence de la Collectivité de Tachkent. Alors les réfugiés politiques les plus fidèles au KKE sont entrés en conflit ouvert avec les opposants, l'enjeu étant le contrôle de son organisation locale. Dans la nuit du 9 au 10 septembre 1955, une 'guerre civile' a éclaté avec une violence inouïe entre partisans et adversaires de Zachariádis.

L'hôtesse se permit de l'interrompre pour annoncer que l'embarquement du vol Aeroflot pour Tachkent était imminent. Vladimir fit un geste vague pour l'écarter et poursuivit d'une langue pâteuse.

– Des émeutes massives ont éclaté. Parmi les réfugiés politiques grecs qui vivaient dans la 7e Cité, des centaines d'opposants y ont pris part, suivis rapidement par de nombreux militants des treize autres cités. Une réunion plénière élargie du Parti s'est achevée avec le passage à tabac de ses membres. Le médiateur, qui s'était barricadé au siège du Parti avec les fidèles du Secrétaire général, ordonna d'attaquer les fractionnistes. Les rues de Tachkent ont été le terrain de combats sauvages entre les groupes adverses, des pogroms ont ciblé les maisons d'opposants. Résultat, une dizaine de morts et plusieurs centaines de blessés graves, les autorités soviétiques ne s'étant décidé que tardivement de séparer les frères ennemis.

– Si les Soviétiques n'ont pas directement mis la main à la scission fratricide, du moins semblent-ils bien l'avoir encouragée, ce qui peut être assimilé à une intervention partisane, résuma hardiment Théo.

– Je te laisse libre de ton interprétation, lui répondit froidement Vladimir devant cette accusation à peine voilée. Le Comité central du PCUS a estimé alors que ces pogroms et ces combats constituaient un événement inacceptable et honteux pour une organisation communiste en violation flagrante des lois soviétiques. La Cour suprême de la République socialiste soviétique d'Ouzbékistan a d'ailleurs prononcé diverses condamnations et des peines de prison.

Comme l'hôtesse revenait chercher Théo, Vladimir acheva en bafouillant.

– Peut-être, parviendras-tu à dénicher là-bas quelques anciens qui se souviendront de cette période. Je regrette de ne pas pouvoir t'aider davantage en te donnant des noms et adresses mais nous avons perdu une grande partie de nos archives et de nos contacts à Tachkent depuis l'indépendance de l'Ouzbékistan en septembre 1991 et la dé-soviétisation qui a malheureusement suivi après la fin de l'URSS. Je te souhaite un bon voyage !

Prenant congé, Théo ajouta, avant de suivre l'hôtesse.

– Merci de ta précieuse aide. Je verrai bien ce que je vais trouver. De toute façon, j'ai l'intention de compléter les informations que tu as bien voulu me communiquer en me rendant à Athènes au siège du Parti communiste grec ou en consultant les archives de son journal, le Rizospastis. Adieu et encore merci.

Chapitre XVI

Mercredi 3 décembre 2008 - Tachkent

Théo avait mis à profit les quatre heures de vol qui séparaient Moscou de la capitale de l'Ouzbékistan pour picorer dans différents guides touristiques quelques connaissances afin de ne pas apparaître comme totalement ignare à ses interlocuteurs ouzbeks. Il avait compris que les origines de Tachkent étaient l'objet de datations divergentes puisque les Soviétiques avaient fêté les 2000 ans de la ville en 1983 alors que les autorités ouzbèkes se préparaient à fêter ses 2200 ans l'an prochain !

Que ce soit sur les sites de Kanka ou de Tchatch, Tachkent était à l'origine une oasis prospère. Elle était située entre les montagnes de Tchimgan et les vallées irriguées du Tchirtchik et du Syr-Daria, au cœur d'une vaste région agricole, riche en plantations de coton, de jardins fruitiers et de vignobles, que Théo découvrait depuis son hublot.

Situé au croisement des routes caravanières, ce centre de négoce s'était inscrit comme l'étape obligatoire de la 'Route de la Soie', éveillant très logiquement l'intérêt de nombreux conquérants, au premier rang desquels Alexandre Le Grand et Gengis Khan. Les périodes de gloire et de déclin s'étaient succédé avec son lot de destructions successives par les Arabes, par les Mongols, jusqu'à ce que Tachkent passe sous le giron de l'Empire russe et devienne la capitale du Turkestan. La ville s'était russifiée encore davantage avec l'arrivée des réfugiés fuyant la seconde guerre mondiale en apportant avec eux l'industrie lourde, ainsi mise à l'abri de l'avancée allemande.

Parmi diverses curiosités, Théo se promit d'aller visiter le palais du prince Romanov, construit à la fin du XIX° siècle comme résidence pour le cousin du tsar Nicolas II, l'ex grand-duc Nicolas Constantinovitch de Russie (1850-1917), qui fut banni à Tachkent pour de sombres affaires de bijoux de la couronne. Il lui sembla également que le parcours de la ville lui offrirait une belle leçon d'architecture et d'urbanisme. En effet, après le grand séisme du 26 avril 1966 qui avait provoqué la destruction de nombreux monuments et les habitations de 300 000 personnes, un programme de reconstruction avait été lancé avec l'aide financière généreuse des pays frères. Tachkent était alors devenue la ville la plus peuplée d'Asie centrale, résultat d'une expansion considérable. Dans les guides, elle était dépeinte comme une ville moderne à l'urbanisme typiquement soviétique reconnaissable à ses larges avenues boisées, ses quartiers aux blocs d'habitations identiques, son ancienne place Rouge redessinée trois fois plus spacieuse pour accueillir la plus grande statue jamais construite de Lénine.

Mais en 1991, conséquence de la dissolution de l'URSS, l'accession de l'Ouzbékistan à l'indépendance - que Vladimir avait semblé regretter, se souvint Théo - avait été l'occasion d'éliminer de la mémoire officielle les souvenirs de l'époque soviétique. Un vaste programme de reconstruction urbaine avait été lancé, censé donner à la ville un aspect encore plus moderne et fonctionnel suivant un plan d'urbanisme alliant traditions d'architecture islamique (arches, coupoles turquoise, décors en gypse sculpté, etc.), classicisme monumental (grandes colonnes, clôtures en fonte, usage massif de marbre) et modernisme fonctionnel (vitres teintées, chrome, etc.). L'ambition affichée était d'illustrer le renouveau de la nation en effaçant toute trace du passé soviétique, qualifié de 'période de l'oppression coloniale et de la dépendance' par le président ouzbek. Cela s'était traduit par la destruction d'une grande partie des symboles ou des monuments à connotation politique provenant de cette époque, et le changement de noms de nombreuses voies ou monuments. Ainsi, au centre de la Place de l'Indépendance où sont regroupés différents édifices majestueux associés au pouvoir, la statue de Lénine avait été finalement remplacée par un gigantesque globe terrestre orienté de manière à montrer l'Ouzbékistan en majesté, à l'instar de ces planisphères qui placent la Chine au centre du monde.

Mais, déjà l'Airbus 330 roulait sur la piste d'atterrissage et se dirigeait vers son parking. Après avoir récupéré sa valise, Théo sortit de l'aéroport en quête d'un taxi.

− Bonjour, vous parlez anglais ? demanda-t-il au chauffeur qui acquiesça d'un hochement de tête. Pourriez-vous me conduire vers ces quartiers… 'Politise', prononça-t-il, hésitant, en croisant les doigts avec l'espoir d'avoir été compris. Puis il tenta de préciser : … là où avaient été concentrés les réfugiés grecs dans les années 1950/60… Mon grand-père y a vécu de nombreuses années, argumenta-t-il.

− Ce serait avec plaisir, lui répondit le chauffeur, mais je doute que vous y trouviez quoi que ce soit. Ces baraques n'ont pas résisté au séisme de 1966 et aux reconstructions qui ont suivi. Il ne reste pratiquement rien, conclut-il.

− Alors, conduisez-moi à l'Art Hôtel, indiqua Théo la mine déconfite après cette première déconvenue.

Il avait déniché sur internet cet établissement qu'il avait retenu parce que, attentif à son budget, l'établissement offrait des prix attractifs en dortoirs de cinq lits et se trouvait situé à cinq minutes de la station de métro Kosmonavtar. De là, il serait bien placé pour rayonner.

Faute de pouvoir se rendre dans les quartiers détruits par le séisme, où et comment pouvait-il espérer rencontrer d'anciens réfugiés grecs dans cette agglomération de plus de quatre millions d'habitants ? Il avait recherché sur Internet des restaurants ou commerces affichant un lien toponymique, aussi faible soit-il, avec la Grèce. Ainsi avait-il repéré un 'Amphora' qui se définissait comme un restaurant grec sur Mirobad Str, un 'Gyros' dont le nom lui évoquait celui de la rue de l'École Polytechnique où il avait traîné son parrain. Il avait aussi déniché un 'Pita Center' dans le quartier Shayhantapur, mais avec des réserves car ce dernier se réclamait d'une cuisine mexicaine et grecque ! Méthodiquement, il tenta quand même les trois. Il y fut chaque fois accueilli aimablement mais sans le moindre écho positif à ses demandes.

Après quoi, il lui parut trop tard pour s'attaquer aux célèbres marchés de Tachkent. Alors, se réservant de le faire le lendemain, il préféra faire un peu de tourisme. Il se dirigea du côté de la Place de Tamerlan, initialement agencée à la gloire du régime communiste et où s'étaient succédé les statues de Lénine, puis Staline, puis Karl Marx jusqu'à un général russe qui avait dû finalement laisser à son tour la place en 1996 à la statue équestre du grand conquérant Tamerlan. Il alla ensuite trainer vers l'incontournable rue Khanza, l'une des rares rues de la vieille ville à avoir conservé son caractère authentique, avait-il lu, s'aventurant dans l'infinité d'impasses plus au moins longues et tortueuses réparties de chaque côté.

Après une nuit bercée par les ronflements de ses voisins de chambrées, Théo s'était trouvé pour le petit-déjeuner placé à côté d'un jeune homme qu'il y avait croisé.

– Bonjour. Je m'appelle Théo. Je suis Français, étudiant en architecture. Et toi, d'où viens-tu ?

– Muzaffar, se présenta-t-il. J'habite à Samarkand où j'étudie l'histoire. Je suis venu à Tachkent pour rendre visite à une tante malade.

Comme cet ouzbek maîtrisait bien l'anglais, Théo entreprit alors de lui raconter le motif de sa visite. Manifestant son intérêt, le jeune homme lui proposa de lui servir d'interprète et de l'accompagner dans les bazars.

Parmi les marchés les plus réputés, Chorsu, Farhod, Oloy, Théo choisit le premier qui était aussi le plus grand et le plus ancien, installé au même endroit depuis 2000 ans, à la croisée de quatre grandes routes correspondant chacune à un point cardinal, d'où le nom 'Chor-su' en ouzbek, commenta Muzaffar.

– C'est bien le diable si je n'y trouve pas quelques marchands grecs, confessa Théo en pénétrant dans la grande halle qui avait été construite sur les ruines du précédent marché après le tremblement de terre de 1966.

Il y avait une multitude d'étals couverts des produits provenant de tous les coins du pays : fruits secs à l'étage, fruits et légumes, épices et condiments au rez-de-chaussée, etc.

– Commençons par là, lui suggéra Muzaffar.

Se frayant un passage à travers la foule agglutinée à l'extérieur autour de numéros de saltimbanques, ils suivirent un vieil homme qui poussait un diable débordant de cageots de fruits. Lorsque celui-ci s'arrêta auprès d'une jeune femme qui visiblement attendait la marchandise, Théo fit mine de l'aider à décharger. Le vieux refusa d'un geste sans ambiguïté. Théo attendit alors qu'il ait fini avant de lui demander, comme il l'avait fait précédemment à d'autres personnes avec force mimiques, s'il était Grec. Tout ce qu'il put en tirer fut un hochement de tête et un nom, Kosmas, qu'il énonça en désignant sa poitrine. Alors, avec l'aide précieuse de Muzaffar, Théo entreprit de vérifier s'il était par chance tombé sur un informateur crédible.

– Quand avez-vous quitté la Grèce ?

– À l'âge de 18 ans, j'ai participé aux ultimes combats à Gramos avant de fuir en Albanie avec mes gars et d'embarquer sur les cargos polonais pour une destination alors inconnue.

Théo, convaincu qu'il avait trouvé un bon interlocuteur, le remercia et poursuivit :

– Où avez-vous vécu ?

– Ici, avec les 17 500 réfugiés politiques grecs, dont la majorité travaillait dans les entreprises de Tachkent et de Tsirtsik. Nous étions répartis dans quatorze 'Cités'. J'ai vécu dans la Cité numéro onze... jusqu'au séisme de 1966 où notre immeuble a, comme beaucoup d'autres, été complètement détruit. Ma femme est morte écrasée sous un mur et, avec ma fille qui est là, nous avons dû trouver un nouveau logement.

Tandis que celle-ci lui faisait de grands signes pour qu'il achève de vider ses cageots de fruits, il finit par préciser.

– Nous habitons aujourd'hui du côté de Mirobad.

– Là où se trouve le restaurant grec Amphora ? insista Théo.

– Oui mais, ce n'est pas un restaurant grec, même s'ils le prétendent. Il ne suffit pas de servir quelques mézés, dit-il en riant. Son propriétaire est mongol et le chef est turc. Je le sais parce que je leur livre régulièrement des fruits.

– Comment s'organisait la vie quotidienne dans ces cités ?

– Comme pendant la guerre civile, l'administration avait été calquée sur une organisation militaire : les bataillons constituaient les cellules de base et les Comités de brigade les Comités du Parti de chaque cité. Notre vie quotidienne était régentée suivant un contrôle militaire pesant qui nous obligeait à vivre quasiment comme des soldats, expliqua Kosmas, avec une grimace d'accompagnement.

– Je ne saisis pas bien. Pouvez-vous me donner un exemple ? l'invita Théo.
– Nous qui avions combattu en militants du Parti, on nous a obligés à nous 'ré immatriculer'. À cet effet, il nous fallait passer une sorte d'examen devant des assemblées - on les appelait entre nous des 'tribunaux', c'est dire… - et répondre à toute une série de questions ridicules pour d'anciens militants, du genre : 'Quels sont les droits et obligations du Parti ? Comment interprétez-vous les échecs de la révolution de 1941-1944 et de 1946-1949 ? Il y avait également des questions relatives à notre vie privée, notre comportement, etc. Je ne vous surprendrais pas en vous indiquant que cela générait un climat étouffant dans les Cités où les réfugiés de Tachkent vivaient une situation quasiment inquisitoriale ! En conséquence, nos camarades d'autrefois, nos frères d'armes vivaient dans le silence et dans la méfiance à l'égard de l'appareil mais aussi de chacun d'entre nous.
– Avec l'impact de la défaite, il y avait sans doute là un terreau pour une explosion de mécontentement, esquissa Théo, se souvenant des propos de Vladimir. Comment se sont déroulés les événements qui ont eu lieu en 1955 ?
– La défaite, matérialisée par la perte de Gramos et de Vitsi, continuait à tous nous hanter, les combattants comme les militants et les cadres du Parti. Ce problème politique avait engendré un traumatisme psychique chez de nombreux réfugiés qui ont assez vite commencé à exprimer une tendance sécessionniste, encouragés par l'attitude des *Kapetan*i, mais aussi surtout des Soviétiques lesquels ont rejeté en 1954 le programme de Zachariadis. Les débats se sont progressivement envenimés au sein des diverses cellules et à tous les niveaux, jusqu'au jour où une assemblée plénière s'est achevée en passage à tabac des responsables, puis où quelques centaines de militants de l'opposition ont tenté d'occuper de force les bureaux du Parti. Les partisans de Zachariadis ont alors défendu avec férocité le pouvoir légitime de leur secrétaire général. Il y a eu des combats à l'arme blanche, des habitations incendiées, avec une dizaine de morts et plus de 300 blessés…

Réagissant à ce qu'il découvrait, Muzaffar poursuivait tant bien que mal ses traductions pour Théo qui finit par sortir de sa poche une photo de Kostas qu'il présenta à Kosmas.

– Reconnaissez-vous cet homme ? L'auriez-vous rencontré dans des Assemblées ou pendant les événements de septembre 1955 ?

Après avoir longuement regardé la photo, Kosmas affirma sans hésiter.

– Oui, il me semble que c'était un des leaders de l'opposition. Il était pour l'ouverture prônée par les Soviétiques et, comme moi, il était opposé aux dérives autoritaires du secrétaire général. Kostas disait qu'on avait payé assez cher pour ne pas devoir supporter le régime de terreur avec les prétendues méthodes de vigilance contre les éléments 'antiparti' instaurées par Fourkiotis : cela engendrait une animosité politique profonde qui étouffait nos camarades. Pendant les échauffourées de septembre, il me semble qu'il a été sérieusement pris à partie par les staliniens.

– Mais que sont devenus les divers protagonistes ? Puis-je en trouver, aujourd'hui ?

Il y a peu de chances. Il y en a qui, comme ton grand-père, sont finalement rentrés en Grèce, bien avant le séisme où d'autres ont trouvé la mort. Et puis, il y a eu la dézachariadisation. J'ai bien peur que tu n'en trouves pas d'autres que moi, ajouta-t-il avec un sourire contrit. Maintenant, excuse-moi, mais il faut que je m'occupe des fruits de ma fille, sinon je vais me faire sacrément engueuler.

Théo aurait bien aimé poursuivre cet échange pour essayer de décrocher des noms de militants qui auraient pu conserver une dent et plus contre Kostas, mais il dut s'en tenir là. Il en savait déjà un peu plus qu'au départ de Paris. Il remercia chaudement Kosmas.

Muzaffar lui proposa d'essayer un autre marché. Mais Théo voulait réfléchir à la suite de son périple. Il prit congé de son interprète l'ouzbek sans lequel il serait sans doute resté bredouille et, prétextant vouloir visiter le Palais du prince Romanov, il s'éloigna dans cette direction. Il s'arrêta au 'Mangit

Art', un café de style kirghiz dont l'intérieur était nappé de peaux de chameaux.

Après avoir commandé un chachlik, il commença à établir méthodiquement une liste des mobiles possibles à un meurtrier de Kostas. S'ils avaient tous nom 'vengeance', beaucoup ne résistaient pas à une analyse réfléchie. Ainsi, Théo écarta-t-il tout ce qui pouvait avoir trait à la guerre contre les Italiens et Allemands, même à contrecœur les Britanniques. De même, il rejeta l'idée d'un ancien garde-chiourme parce qu'il aurait largement eu le temps de tuer Kostas pendant qu'il était à Makronissos. En revanche, il ne parvenait pas à éliminer Stavros et Zacharias, bien sûr, ni les incontournables membres de la LOK ou des staliniens, rentrés au pays. Il lui apparut inutile de rester davantage à Tachkent et, sitôt payée l'addition, opta pour un départ immédiat vers l'aéroport d'où il prendrait le premier avion pour Athènes.

Chapitre XVII

Mercredi 3 décembre 2008 - Paris

Yannick détestait être réveillé par la sonnerie du téléphone. Cela l'avait toujours fait sursauter quand, avant qu'il prenne sa retraite, on l'appelait en pleine nuit pour l'informer de la découverte d'une scène macabre qu'il lui fallait rejoindre séance tenante. Il laissait toujours sonner cinq ou six fois pour s'assurer qu'il ne s'agissait pas d'un vendeur de placements financiers ou de climatiseurs car ceux-là abandonnaient très vite, quotas obligent. Il finit par décrocher en déclarant d'un ton las.

— Yannick Le Clech. À qui dois-je des remerciements pour ce réveil prématuré ?

— Yorgos !

— Oh ! Excuse-moi ! Comment vas-tu depuis les obsèques de ton père ?

— Mal. Très mal. Dit-il avant de reprendre sa respiration pour lâcher dans un long soupir : Théo a disparu !

— Qu'est-ce que tu racontes ?

— Il est parti ou plutôt il n'est pas rentré cette nuit.

— Il aura dormi chez une copine…

— …Non, il n'en a pas !

— …ou du moins, il ne te dit pas tout. Vous vous êtes engueulés ?

— Pas vraiment… Ou plutôt si !… Depuis l'enterrement, il me harcelait de questions…

Sans lui laisser le temps d'entrer dans les détails, Le Clech le coupa, car il était de ceux qui préfèrent un face à face à un long échange téléphonique à l'aveugle.

– Donne-moi une heure et j'arrive. Tu vas me raconter tout çà calmement et on avisera. À tout de suite, dit-il en raccrochant.

À l'appartement, il trouva Yorgos, assis sur le canapé du salon, la tête dans les mains. Il avait dû pleurer et était encore secoué de petits spasmes respiratoires.

– Merci, Commissaire, d'être là… Je suis complètement désemparé… Je ne sais plus quoi faire !

– Qu'est-ce qui te fait dire que Théo a disparu ?

– On a eu un échange assez dur dimanche dernier. Puis, lundi, pas un mot ! Nous nous sommes consciencieusement évités. Et hier, surpris que Théo ne soit pas venu assister à la conférence d'un Grand Prix d'urbanisme, ses copains ont appelé sur la ligne fixe de la maison pour demander s'il était malade. Aussitôt après m'être assuré qu'il n'était pas dans sa chambre, bien rangée, j'en ai déduit qu'il n'avait pas dormi là et qu'il était parti je ne sais où, naturellement sans me prévenir, vu la façon dont nous nous étions séparés dimanche soir.

– On fera le tour à l'appartement après. Raconte-moi d'abord votre engueulade. L'invita Le Clech, s'asseyant face à lui et le laissant s'épancher.

– Depuis les obsèques de Kostas, il était sombre et boudeur. Il a tenté plusieurs fois de me poser des questions, mais tu sais… Quand on rentre d'une longue journée de boulot, on n'est pas toujours très dispo… Encore moins pour les questions qui fâchent… Alors, d'un commun accord, nous avions décidé de remettre nos déballages au dimanche. Il avait préparé une liste de questions nourries par chaque rencontre, chaque histoire racontée, chaque témoignage… et naturellement autant de pistes d'un possible 'mobile' pour un éventuel 'meurtrier'.

– Il serait temps que tu admettes qu'il n'a pas la même approche de la mort de son grand-père, que toi. Il est en âge de se faire sa propre opinion, non ? Essaya gentiment de le convaincre Yannick

– Peut-être… Je n'en dors plus, lâcha-t-il avec un nouveau sanglot. J'ai surement raté quelque chose dans son éducation mais je ne sais pas quoi. Ma plus grossière erreur, c'est sans doute, durant toutes ces années, de m'être efforcé de le tenir à l'écart de l'histoire de la Grèce contemporaine qui nous a trop profondément marqués, toute ma famille et moi-même. Je l'ai volontairement tenu confiné dans une culture franco-française. Cela me paraissait d'autant plus logique que nous vivions à Paris où il était né d'une mère française… même si elle n'a pas été en mesure de lui chanter des chansons, se souvint-il avec tristesse. Je ne l'ai jamais emmené en Grèce, par exemple. Je n'ai pas davantage tenté de retisser des liens avec les quelques restes de famille que nous avons encore là-bas. Certes son grand-père le berçait de ses exploits, mais ça restait des aventures aux yeux d'un gamin, d'autant plus que nous avions pris avec Kostas la décision de ne jamais lui révéler les réelles motivations de notre exil et de notre installation en France.

– Pourtant, tu l'as appelé Théophraste alors que, suivant ta logique, tu aurais pu l'appeler Marcel ou Bernard, suggéra Yannick.

– Pour ta gouverne, sache que Théophraste est un prénom français, plus ou moins oublié aujourd'hui, mais dont l'origine est grecque. Le prénom se décompose en Théos, qui signifie 'dieu' ou 'divin', et phraste, qui désigne une 'phrase'. Après de longues discussions avec sa mère, nous n'avions pas choisi ce prénom par hasard. D'ailleurs, dans le 'dictionnaire des prénoms', Théophraste désigne un homme qui balance entre un être fort, indépendant, entreprenant, très axé sur le concret, pragmatique, plutôt intéressé par son égo et son bien-être matériel, et un individu idéaliste, très émotif, comme tu as pu t'en rendre compte ces derniers temps, un être sensible, capable de dévouement, de générosité et de sacrifice.

– Même si je ne crois pas à ces baratins, façon horoscope, cela correspond assez bien au portrait de mon filleul, me semble-t-il, acquiesça Yannick.

– En fait, mon erreur, c'est sans doute de l'avoir enfermé dans une espèce de bulle protectrice… Et cette bulle vient de m'éclater à la gueule, lâcha Yorgos avec désespoir.

– Que lui as-tu révélé de si perturbant qui puisse l'inciter à partir aussi soudainement ?

– D'où nous venons, pourquoi nous avons quitté la Grèce et comment !

– Je t'écoute, lui dit Yannick, se voulant encourageant.

– Nous avons déjà évoqué ensemble, l'autre jour, la situation en Grèce au sortir de la deuxième guerre civile. Le 'encore jeune' Parti communiste grec s'imaginait alors que Staline soutiendrait une rébellion armée, mais des divergences sont apparues quant au choix entre une stratégie de guérilla ou la transformation de l'Armée démocratique en une armée de métier. Kostas était de ceux qui préféraient la première solution à la seconde ce qui le conduisit logiquement à rejoindre le maquis. Résultat de ces divergences stratégiques, le Parti communiste fut le terrain d'une méthodique purge interne tandis que l'agitation des 'rebelles' justifia l'adoption par le nouveau Parlement de mesures exceptionnelles pour le rétablissement de l'ordre et de la sécurité. Tu as surement déjà entendu cela au cours de tes entretiens : cours martiales, interdiction du Parti, arrestation et déportation de près de 9 000 personnes dans les îles de Makronissos et de Yaros, parmi lesquels Kostas.

– Tu recroises les témoignages que j'ai recueillis l'autre jour avec Théo, précisa Yannick pour couper court à tout nouveau développement sur Makronissos.

– D'accord, concéda Yorgos, un peu frustré de son développement. Si fin 1947, la perspective d'une victoire communiste apparaissait sérieuse, la fermeture de la frontière yougoslave et l'arrêt des fournitures d'armes par les pays de l'Est ont porté un rude coup aux 13 000 combattants qui tenaient les montagnes de Gramos et de Vitsi.

– Sans oublier l'oncle Sam qui, succédant aux Britanniques exsangues, avait débarqué hommes et équipements lourds, avec pour objectif une victoire totale et définitive sur les communistes, glissa Yannick.

– En effet. L'armée américaine voyait la Grèce comme son 'expérience de laboratoire' dans sa lutte contre le communisme. Ayant mis à la disposition de l'armée nationale une cinquantaine d'avions derniers cris, elle a fait des partisans grecs les cobayes de ses premiers bombardements au napalm à grande échelle.

– Au napalm ! hurla Yannick. Je ne me souviens pas avoir jamais entendu ni lu quoi que ce soit à ce sujet. C'était bien avant le Vietnam !

– Tout le monde l'ignore ! Le roi serait même venu assister personnellement à l'embrasement !

Après être resté un instant sans voix, Yorgos poursuivit.

– Le mont Gramos est tombé le 27 et l'ultime bastion, Kamenik, le 30 tandis que 8 000 hommes seulement, dont Kostas, sont parvenus à s'échapper en Albanie. Au total, ce sont quelque 100 000 personnes qui ont été contraintes à l'exode vers les démocraties populaires. C'est ainsi que Kostas s'est retrouvé dans le quartier 'Politise' de Tachkent, où d'autres embrouilles politiques l'attendaient. Mais le bon revers de la médaille, c'est qu'il y a retrouvé Chryssoula, celle qu'il avait 'croisée' lors des opérations de la résistance. Théo t'a montré sa photo prise lors du sabotage du viaduc de Gorgopotamos. En 1951, parmi ces milliers de réfugiés grecs qui y vivaient, elle a donné le jour à de magnifiques jumeaux, ma sœur Aspasia et ton serviteur.

– J'ignorais que tu avais une sœur jumelle. Tu ne m'en as jamais parlé ! s'étonna Yannick. Mais ta naissance et tes premières années de vie en Asie soviétique avant votre retour en Grèce en 1964, n'ont pas été une révélation pour Théo qui en avait sûrement entendu parler par Kostas : en outre, le lieu de naissance des parents figure sur tous les documents d'état civil qu'on est amené à remplir dans la vie quotidienne. Je ne vois pas là matière à une découverte insupportable... sauf peut-être la révélation d'une tante apparemment 'maudite' !

– Si, le contredit sèchement Yorgos, exaspéré de ne pas être compris. Car, même si papa a bénéficié de l'aura de son père – je te rappelle qu'Agaton fut parmi les premiers membres du Parti communiste grec et qu'il est mort à Makronissos en 1947, sans avoir signé, donc un héros au sein du KKE –, Kostas s'est trouvé embringué dans le conflit qui a opposé durant plusieurs années deux courants divergents.

– Est-ce suffisant pour imaginer que Kostas aurait pu faire l'objet d'un règlement de comptes à retardement entre crypto et eurocommunistes, demanda prudemment Yannick. Je ne sais pas trop comment on va s'y prendre pour en retrouver les protagonistes mais j'ai du mal à imaginer que Théo, fort de ces révélations, ait aussitôt décidé de prendre le chemin de Moscou ou de Tachkent. D'ailleurs, nous avons tenté de rencontrer le représentant russe qui est intervenu pendant les obsèques...

– Tu aurais pu m'informer de tes recherches conjointes avec Théo et ne pas me tenir à l'écart, reprocha-t-il amer, à Yannick. Cela m'aurait permis de vous indiquer son retour précipité à Moscou. Et sache que Théo, lors de nos échanges houleux de dimanche, a évoqué la possibilité de s'y rendre pour l'interroger ainsi qu'à Tachkent. De plus, il y a deux autres pistes qu'il voulait creuser, deux sujets à propos desquels nous nous sommes encore plus violemment opposés.

– La 'déclaration de repentir', tenta avec prudence Yannick, et quoi d'autre ?

– À propos de cette 'déclaration de repentir', figure-toi qu'après avoir écouté Manolis l'autre soir et Christophoros avec toi, il s'est déclaré tout à fait convaincu que je l'avais signé lors de mon passage à Yaros ! Se défendant de porter le moindre jugement, il a d'ailleurs prétendu que cela n'avait aucune importance à ses yeux, qu'il comprenait les enjeux et l'instinct de survie face à des idéaux incertains, mais il voyait aussi dans cette 'signature' une explication à ma facilité - ou à mon obligation - à me coucher devant les thèses officielles que lui met systématiquement en doute. Laissant finalement cette piste de côté, il en a cherché d'autres dans l'histoire secrète de la Grèce et il a exigé que je l'informe de ce que je savais de la LOK et des '*left-behind*'.

– Si tu peux éclairer ma lanterne sur ces deux objets par moi non identifiés, cela serait utile à mon appréhension de possibles mobiles d'un tueur dont on pourrait seulement dire qu'il a été commandité tardivement... par l'histoire, avec un grand H, l'encouragea Yannick.

– Tu connais ma position là-dessus. Je ne partage pas les soupçons de Théo d'une sorte de contrat pour faire disparaître Kostas, vieillard totalement inoffensif, en souvenir de positions qu'il aurait prises un demi-siècle auparavant. Depuis le début, tu le sais, je suis davantage porté à admettre qu'il a fait une malheureuse chute.

— Je ne veux négliger aucune piste, comme je l'ai promis à ton fils et à Timothy. Alors, raconte !

— En 1944, la LOK, ainsi dénommée selon son acronyme grec (*Lochos Oreinon Katadromon*), était une unité secrète créée au sein de l'armée grecque sur les ordres exprès de Churchill et sous le contrôle des Britanniques. Elle était conçue comme une arme contre les communistes et les socialistes et composée à cet effet de royalistes et d'antirépublicains. Outre sa mission de contrôle intérieur, elle avait également été entraînée pour pouvoir agir comme une force 'left-behind' - littéralement 'laissée derrière' - après une invasion de l'Europe par les Soviétiques : sa mission aurait alors été de coordonner des actions de guérilla menées dans les différents pays occupés et d'assurer la liaison avec les gouvernements en exil, en impliquant les agents des polices secrètes et des services de renseignements des pays conquis, ainsi que des civils volontaires. À la fin de la guerre civile, non seulement cette LOK n'a pas été démantelée mais elle est demeurée opérationnelle, devenant la branche grecque du réseau paneuropéen de guérilla mis en place par la CIA et l'OTAN, juste après l'adhésion de la Grèce en 1952. La CIA et l'armée grecque dirigeaient, entraînaient et équipaient conjointement plusieurs groupes recrutés pour constituer une base vouée à lever une véritable armée de citoyens pour contrer la menace d'un coup d'État de la gauche : chacun des groupes était entraîné et équipé pour opérer comme une unité autonome, capable de mobiliser des hommes et de mener des actions de guérilla. Les effectifs de cette armée secrète ont été estimés à près de 1 500 hommes. La CIA aurait investi des millions de dollars dans la LOK, lui aurait fourni armes automatiques et mortiers légers qui ont été enterrés et dissimulés dans quelque 800 caches d'armes, refuges et centres d'entraînement dont l'emplacement était connu de chaque membre de ces groupes paramilitaires afin de pouvoir s'y rendre sans avoir besoin d'instructions de ses supérieurs. Le rôle décisif que la LOK a joué en Grèce n'a été révélé qu'en 1987 par un ancien agent de la CIA.

— C'est l'équivalent du Gladio, engagé dans la lutte contre les communistes italiens, abonda Yannick, s'appuyant sur un vague souvenir d'une conférence à Interpol. Cette LOK a probablement joué un rôle majeur dans l'avènement de la dictature des colonels...

— Tu m'étonneras toujours, le félicita Yorgos, reprenant confiance en lui. Fin octobre 1990, Andreas Papandreou a confirmé dans un entretien accordé au journal *Ta Nea* que, alors qu'il était Premier ministre en 1984, il avait découvert l'existence en Grèce d'une armée secrète commandée par l'OTAN très semblable au Gladio italien que tu évoques et qu'il avait ordonné son démantèlement.

— Je comprends que son penchant pour les histoires d'espions ou de zombies, propres à son âge, puisse conduire mon filleul à imaginer que Kostas ait pu être exécuté par un agent dormant de la LOK, concéda Yannick. Mais, pourquoi aurait-il attendu aussi longtemps pour se mettre au travail ? À moins que Kostas ait ces derniers temps 'réveillé' par des écrits ou des déclarations des cadavres reposant sagement dans certains placards ? Avait-il commencé à jeter sur le papier ses mémoires ou bien participé à des cercles historiques de réhabilitation ?

— Pas à ma connaissance, répondit Yorgos.

— En attendant, je te propose de faire le tour à l'appartement pour voir si Théo ne nous aurait pas laissé plus ou moins volontairement un message.

La chambre de Théo était bien rangée, comme à l'accoutumée. Le lit était fait, le bureau dégagé. Yannick ouvrit l'armoire et fit constater à Yorgos que les rayonnages étaient quasiment vides.

— Il a dû remplir à la va-vite sa valise qui n'est plus là. Et, dans la salle de bains, il n'y a plus que ma brosse à dents, inventoria celui-ci, dépité.

— Il a sans doute aussi emporté son ordinateur. Comme avec Schengen, il n'y a plus de contrôle aux frontières au sein de l'Europe, il sera difficile de savoir s'il a quitté le territoire, sauf s'il se rend à Moscou ou à Tachkent. Je vais demander qu'on vérifie, indiqua Yannick. En revanche, difficile de savoir s'il est seulement parti se réfugier chez un copain ou chez une petite amie, même si tu prétends savoir qu'il n'en a pas. Bien qu'il s'agisse d'un enfant majeur, donc libre de ses mouvements, tu peux signaler son absence à la police qui vérifiera auprès des hôpitaux s'il a été victime d'un accident. Et dans l'immédiat, tu peux aussi appeler ses copains futurs archis qui étaient présents aux obsèques de Kostas et leur demander s'il aurait évoqué avec eux des projets de voyage. Vérifie s'il a pris de l'argent ! Dans la foulée, trouve-moi son numéro de carte bleue pour qu'on puisse le suivre, et téléphone à sa banque ? Pour ma part, je vais le faire localiser avec son téléphone mobile si tu peux me confirmer quel est son opérateur. Et puis, surtout, envoie-lui un mail ou un message sur son blog pour tenter de rouvrir le dialogue. Dis-lui que tu l'aimes. Incite-le à t'appeler, ou, si cela lui est trop pénible, à appeler son parrain. Il sait qu'il peut compter sur moi.

Puis, poursuivant méthodiquement, Yannick invita Yorgos à réfléchir :

— Après votre conversation, est-il parti immédiatement, lundi ou mardi, et où ?

— J'aimerai mieux qu'il ne soit pas parti à Athènes sans moi. D'abord, il ne parle pas grec et puis l'ambiance y est actuellement assez délétère. De grève en grève, le climat est tendu. En mars dernier, grève sauvage des employés de la banque centrale de Grèce, suivie quelques jours plus tard d'une grève générale contre le projet de réforme des retraites. Et puis, le 21 octobre dernier, nouvelle grève générale contre la politique économique du gouvernement conservateur, contre les privatisations, l'austérité salariale, la réforme des retraites... Des milliers de personnes ont manifesté...

— Je vois que tu te tiens au courant. Théo aussi, sans doute. Peut-être en sait-il plus que tu ne l'imagines. En attendant, pour que je sache où je risque d'avoir à mettre les pieds ou sur qui m'appuyer, peux-tu m'établir une liste de vos contacts en Grèce, à commencer par ta sœur, Aspasia. Peux-tu au moins me révéler pourquoi tu ne lui parles plus ?

– Elle s'est mariée avec un *'malakas'*... C'est comme ça qu'on appelle un con en grec. Tout en se prétendant comme un tenant du 'vrai' communisme, il faisait des affaires louches avec les popes et cocufiait ma sœur à tour de bras, répondit Yorgos, tout à sa colère. Je n'ai pas eu de nouvelles d'elle depuis son divorce.

– Préviens-la quand même, qu'elle t'appelle si Théo entre en contact avec elle. Demande-lui une photo récente d'elle et où se trouve son ancien mari.

Recherchant dans l'album, Yorgos fit remarquer à Yannick qu'une photo de Kostas avec Chryssoula manquait, ainsi qu'une photo de sa sœur.

– Il est méthodique le petit, tout le portrait de son parrain, blagua Yanick pour tenter de détendre l'atmosphère. Oublie tes rancœurs pour me dresser une liste d'autres contacts possibles. C'est tout ce que nous pouvons faire dans l'immédiat. Théo n'est pas un ado qui s'est payé une petite fugue, mais un adulte en quête de son identité à travers l'histoire de son pays, une quête accélérée par la mort inexpliquée de son grand-père et peut-être aussi, quoi que tu puisses en dire, par ce qu'il subodore de l'histoire de son père. Il ne fait que suivre l'enseignement d'un vieux proverbe africain mais que je revendiquerai aussi bien comme un proverbe breton : "*si tu ne sais pas où tu vas, retourne-toi pour savoir d'où tu viens*". Ne t'inquiète pas et arme-toi de patience. Il ne manquera pas de nous donner un signe de vie sitôt qu'il aura trouvé une ou des réponses à ses interrogations, ou de m'appeler à la rescousse en cas de besoin car il sait que je suis naturellement à ses côtés. Courage, termina Yannick qui, en partant, le gratifia d'une longue et vigoureuse accolade.

Chapitre XVIII

Lundi 8 décembre 2008 - Athènes

Le casque sur les oreilles, Théo regardait distraitement la mer par le hublot du vol Aegean qui l'emmenait à Athènes depuis Istanbul où, après Tachkent, il avait fait escale pour le weekend. Un léger rebond de l'avion sur la piste de l'aéroport Venizélos lui serra le cœur. Il était désormais à pied d'œuvre. Pour sa première visite dans sa deuxième patrie, il se serait bien vu baisant le sol à sa descente de la passerelle de l'avion, à la manière du Pape, comme à la télé, mais il préféra s'abstenir.

Après avoir récupéré sa valise sur le carrousel des bagages, il se dirigea vers les autobus en partance pour le centre-ville. C'était, lui semblait-il, préférable au métro pour avoir une première vision panoramique d'Athènes. Son enquête ne le faisait pas pour autant oublier sa passion pour l'architecture. Aussi, vérifiat-il que la ligne desservait bien à Maroussi le Complexe Sportif Olympique d'Athènes qui avait fait l'objet d'une présentation par l'architecte espagnol Santiago Calatrava, dans le cadre des échanges de son école avec celle de Madrid. Ce complexe avait, en effet, été réaménagé sur le stade existant, construit en 1982, pour en faire la structure maîtresse des J.O. de 2004, qui avait depuis accueilli les plus grands clubs sportifs de Grèce, notamment le '*Panathinaikos*'. Sa modernisation et son remodelage visaient à en faire une œuvre d'art architectural qui deviendrait une nouvelle icône pour Athènes et ses faubourgs. L'architecte avait imaginé de parsemer le site olympique de gigantesques arches blanches, rappelant tantôt des carcasses de dinosaures, voire pour le vélodrome, celle d'un '*poulet géant renversé*' selon les propres termes de l'architecte. Il avait aussi conçu une agora, promenade de 500 mètres de long et de 26 mètres de large scandée par des arches blanches hautes de 22 mètres, un mur des Nations, long de 250 mètres, destiné à camoufler un bâtiment déjà existant, une sculpture de 115 mètres de haut symbolisant le lien entre la Grèce ancienne et les

Jeux olympiques. Mais Théo qui ne voulait pas se contenter de distinguer l'édifice depuis l'autobus, décida de descendre pour en faire des croquis et quelques photos. Il se retint d'envoyer à ses copains un selfie devant le stade, jugeant qu'il était encore trop tôt pour révéler sa destination. Puis il reprit un bus pour rejoindre le Hera Hôtel, retenu par internet parce qu'idéalement situé au pied de la colline de l'Acropole.

Après s'être changé, car en cette fin novembre il faisait moins chaud qu'il ne l'avait imaginé, il se fit pointer sur une carte par le concierge de l'hôtel les différents endroits qu'il avait prévu de visiter pour cette première journée.

Son premier spot se trouvait à Kessariani, dans la banlieue d'Athènes : visiter le *'Skopeftirio'*, ce monument élevé en la mémoire de 210 partisans tués par les nazis, lui paraissait une manière de mesurer la reconnaissance que leur avait tardivement rendue l'État. C'était aussi l'occasion de rendre un premier hommage à Agaton et Kostas, et, d'une certaine façon, aussi à son père, Yorgos. Il fut étonné de découvrir un site quasiment désert mais se rassura en se disant que c'était l'heure de la sieste. Il s'imprégna du silence qui régnait pour cheminer le long d'un ensemble de dallages qui dessinaient une perspective jusqu'à deux stèles dressées à l'horizon. Plus loin, il y avait posé sur le sol une mitrailleuse rouillée et un casque allemand face à un mur de pierre devant lequel on imaginait que des dizaines de prisonniers s'étaient succédé pour y être froidement assassinés. Théo resta un long moment, méditatif face à ce lieu de mémoire, sans avoir la force d'en prendre une photo. Après tout, ce n'était pas nécessaire car l'image demeurerait profondément inscrite dans son cerveau.

À la sortie du site, un peu perdu dans ses émotions, Théo héla un taxi en maraude. Se fendant de son plus beau '*Kalimera*', il s'apprêtait à monter dans le véhicule quand le chauffeur l'interpella sans ménagement, en grec ! Quelle erreur avait-il bien pu commettre, se demanda-t-il, reculant instinctivement ? Puis il ouvrit ses deux mains pour indiquer qu'il ne comprenait rien à ce que lui disait ce vieux fou.

– English ? l'interrogea alors avec vivacité le chauffeur qui lui semblait pourtant bien avoir largement atteint l'âge où il serait raisonnable de ne plus conduire.

– No, Gallos, French… from Paris, s'empressa-t-il de bredouiller, espérant ainsi le satisfaire.

Le vieux le dévisagea longuement, comme s'il cochait dans sa tête une longue liste de critères qui lui permettrait de vérifier la véracité de la réponse de Théo. Apparemment, il avait presque tout bon, sauf peut-être une incertitude liée à sa tignasse blonde.

– OK, get in, souffla le grec à travers sa moustache jaunasse, façon balai-brosse.

– Vous en avez particulièrement aux Anglais ou à tous les étrangers ?

– Pas que ! Les Italiens, les Allemands, les Américains aussi, ça dépend des jours.

– Qu'est-ce que cela changerait si j'étais Britannique ? demanda-t-il timidement en ouvrant la portière arrière.

– Tu serais rentré à Athènes à pied, petit… Je hais les Anglais… parce que Churchill m'a tué !… Churchill a tué les Grecs, avec méthode, détermination et sans la moindre compassion !

– Pourtant vous vous exprimez dans leur langue, répondit Théo, logique. Pouvez-vous m'en dire un peu plus ? L'invita-t-il avec gentillesse.

– D'abord, puisque tu te prétends Français, commence par monter devant comme les vrais Athéniens quand ils prennent un taxi ! Lui ordonna le chauffeur avec une rudesse forcée. Et tu vas où ?

S'empressant d'obtempérer, Théo s'installa à la 'place du mort', sans demander son reste.

– Je voulais visiter le Musée de la Guerre, pour compléter un peu ce que mon grand-père m'a raconté.

Puis, prenant son courage à deux mains, il osa formuler une nouvelle question :

– Comme mon grand-père, vous avez probablement pris part à la résistance face aux Italiens et aux Allemands, demanda-t-il au vieux alors qu'il démarrait fougueusement, sans mettre son clignotant ni enclencher le compteur.

– Ton grand-père devait être plus vieux que moi. Moi, je n'étais encore qu'un adolescent à la fin de l'occupation allemande, lorsque la deuxième guerre civile a débuté. J'étais parmi les enfants qui ont survécu à la terrible famine de 1941/42 en faisant les poubelles des armées italiennes et allemandes, parmi ceux qui avaient souvent perdu la majeure partie de leur famille, parmi ceux qui n'avaient plus de maisons... Quant à moi, j'étais assurément l'un de ceux qui n'avaient plus rien à perdre. Malgré notre jeune âge, nous avions été nombreux à nous enrôler à l'ELAS pour participer aux embuscades, aux combats dont certains furent d'une cruauté inouïe. J'ai vu des copains égorger, parfois à l'aide de couvercles de boites de conserve, des soldats ennemis mais aussi des profiteurs, des traîtres...

– Avez-vous été blessé ou emprisonné ? demanda Théo, embarqué dans le récit du chauffeur.

– Si ! Je me suis fait attraper par la gendarmerie et j'ai été envoyé en 1943 à Makronissos qui n'était alors qu'une prison avant de devenir ce 'camp de rééducation' organisé à partir de 1946 par les Anglais. La liberté relative dont on bénéficiait au début s'est peu à peu raréfiée au fur et à mesure que la guerre civile entrait dans sa phase féroce et que les lieux d'exil étaient reclassés en camps de concentration. J'ai eu une chance inouïe de pouvoir m'échapper avant et de me réfugier au Pirée chez un oncle où j'ai vécu six mois, le plus souvent caché dans le coffre de son taxi. Tu vois que ma situation n'a pas beaucoup évolué, sauf que maintenant je suis passé devant et c'est moi qui conduis, ajouta-t-il en éclatant d'un rire sec, visiblement satisfait de son autodérision.

– Vous étiez à Makronissos en 1943, alors vous n'avez surement pas rencontré mon arrière-grand-père, Agaton Panantolis, calcula Théo, laissant échapper cette bribe d'espoir. Il y est mort en 1947, précisa-t-il.

– Occhi ! Ce nom ne me dit rien. Tu trouveras peu de gens qui ont survécu à cette période dramatique où nous avons été torturés ou tués sur les ordres express de Churchill. Mais que cherches-tu au juste ?

– Quelqu'un qui aurait eu des raisons d'assassiner mon grand-père Kostas il y a quelques jours à Paris ? Et peut-être aussi des survivants de notre famille. Il paraît que j'ai une tante, Aspasia, qui tiendrait un magasin de souvenirs quelque part aux environs de l'Acropole.

– Bon courage, car ça ne manque pas de magasins de souvenirs par là-bas. En attendant, comme tu me l'as demandé, je te dépose au Musée de la Guerre. Peut-être y trouveras-tu quelques informations utiles. Bonne chance.

Alors que Théo faisait mine de payer, le vieux lui dit avec un beau sourire.

– Garde tes sous, tu en auras besoin. Un dernier conseil : prends garde à toi car les gens n'aiment pas beaucoup qu'on leur pose des questions sur ces périodes troublées et les rues d'Athènes peuvent réserver de mauvaises surprises.

Chapitre XIX

Le bâtiment du Musée de la Guerre apparut à Théo comme planté tout en haut d'une longue volée de grandes marches. Il se sentit écrasé par cette architecture modulaire en béton précontraint, qui sentait les années 70. "*Ce musée ressemble à une préfecture d'une ville nouvelle de la région parisienne*", se dit-il sans pouvoir se rappeler laquelle. Il en croqua une rapide perspective avant de ranger son carnet. Il ne se sentait soudain plus aucune envie d'y entrer et préféra marcher un peu.

Des files ininterrompues de voitures et de deux roues s'agglutinaient sur l'avenue Vassilissis Sofias. Au bout de quelques enjambées, il préféra fuir le vacarme et la pollution en s'esquivant dans une rue adjacente. Plusieurs boutiques étaient fermées, n'offrant sur leurs vitrines poussiéreuses que de mornes affiches '*Politai*' (à vendre). Il se surprit à frissonner.

Avisant un café, il constata avec plaisir qu'il était chauffé quand il y pénétra. Une demi-douzaine d'hommes, plutôt d'âge mûr, étaient absorbés dans la contemplation de l'écran super large d'une télévision où se déroulait un match de foot. Devant leur café, ils étaient occupés à en commenter les différentes phases. Personne ne sembla prêter attention à son '*Kalimera*', qu'il s'était pourtant appliqué à prononcer. Un peu à l'écart, deux quadras, concentrés sur leur jeu de '*Tavli*', variante grecque du backgammon, lui jetèrent un rapide regard en répondant à son salut d'un mouvement de tête. Les lancers de dés s'enchaînaient à un rythme rapide, seulement entrecoupés par le bruit sec des déplacements de pions sur le plateau. Intrigué par ce jeu dont il ignorait les règles, Théo prit place non loin d'eux pour essayer de les comprendre. Il tenta d'attirer l'attention du patron, totalement absorbé par le match, en commandant à haute voix.

– *Ena Kafe, Parakalo !*

À bien regarder l'écran, Théo constata qu'il s'agissait de la retransmission d'un match entre Panathinaikos et AEK Athènes tandis que, en bas de la lucarne, un flot continu d'informations, en anglais, s'écoulait. "*La crise financière et économique grecque de septembre dernier a imposé un plan de 'relance' et de refinancement des banques de 28 milliards de dollars.* " Le match fut momentanément interrompu pour un pénalty. Le risque encouru pour Panathinaikos fit monter la tension de l'assistance suspendue au verdict du pied gauche du joueur fétiche brésilien pour l'AEK, Rivaldo. Son shoot exceptionnellement maladroit laissa exploser la déception des supporters, dans la salle du café comme dans le stade.

Insensible, le défilé de mauvaises nouvelles se poursuivait sans relâche au pied de l'écran. « *Les conditions rigoureuses de l'aide de l'Union européenne ne manqueront pas de provoquer une spectaculaire augmentation des plans de licenciements et du chômage, une paupérisation rapide des classes moyennes, une multiplication des personnes sans domicile fixe, a fustigé le président de Nouvelle Démocratie...* ».

L'un des spectateurs laissa fuser un commentaire bien frappé dont le ton conduisit Théo à imaginer qu'il était probablement sans rapport direct avec le match. Un autre lui répondit d'une phrase courte, énoncée très lentement sur un ton qui laissait peu de place à un contre argumentaire. Plus personne ne paraissait s'intéresser au football mais aux informations qui s'égrenaient en dessous. « *Pour la troisième journée consécutive, les services publics sont en grève à Athènes. Une manifestation est prévue à 15 heures, place Syntagma.* » L'un des hommes sembla prendre vigoureusement la défense des grévistes mais fut, aussitôt apostrophé par son vis-à-vis. Un troisième, dont la taille et le timbre de voix imposaient le respect, s'attacha à exposer avec un débit volontairement doctoral la synthèse des positions des uns et des autres. Ceux-ci firent un court instant mine d'écouter ses propos. Mais cette accalmie trompeuse fut soudain rompue par un vieux à lunettes, les cheveux en bataille, qui se leva et fit face au molosse pour l'éclabousser de ses arguments et de ses postillons. Ressentant la tension croissante, le patron se sentit enfin obligé d'intervenir. Fort heureusement le match reprit pour la deuxième mi-temps.

Comme Théo avait laissé paraître son appréhension et sa crainte d'être entraîné dans une dispute dont il n'avait pas compris les enjeux, l'un des deux joueurs de Tavli tenta de le rassurer, dans un parfait anglais.

– Ne craignez rien, jeune homme. Le Grec adore discuter mais il connaît ses limites et réprime la violence qui est en lui. Sachez que l'héritier spirituel de Platon et de Pythagore évite les excès et parvient le plus souvent à se méfier de son impulsivité naturelle.

– L'histoire récente ne démontrerait-elle pas le contraire ? Mais, quel est l'objet du débat ? demanda Théo, partiellement rasséréné.

– Depuis les Jeux olympiques de 2004 qui ont ruiné la Grèce, la Commission européenne a reproché au gouvernement conservateur de ne pas avoir mené les 'réformes indispensables' dans l'éducation, la recherche, la santé, le marché du travail, d'entretenir une pléthore de fonctionnaires, d'employés d'entreprises publiques travaillant à perte, de trop nombreux jeunes retraités de 45 ou 50 ans, des forces armées hors de proportion avec ses besoins réels pour se protéger de notre ennemi historique… . Bien que minés par les scandales, la corruption et le clientélisme, les gouvernements successifs, de gauche comme de droite, ont davantage profité du pouvoir qu'ils ne l'ont exercé. Nos amis, dit-il en désignant du menton ceux qui s'empaillaient autour de l'écran de télévision, se sont jetés à la gueule les détournements et malversations de toutes tailles et de tous bords, chacun à coups d'exemples choisis selon ses options politiques. Celui-là cite la gestion catastrophique des incendies - considérés comme volontaires par certains - qui ont ravagé l'été dernier dans le Péloponnèse 250 000 hectares de forêts et fait près de 80 morts. L'autre balance les pots-de-vin de Siemens afin d'obtenir des contrats avec l'opérateur téléphonique grec OTE. Tandis que l'homme en salopette a invité son auditoire à ne pas oublier le scandale qui éclabousse l'Église orthodoxe grecque, dont un monastère sur le mont Athos a su miraculeusement échanger des hectares de forêt d'une faible valeur contre des bâtiments quasiment neufs construits pour les JO 2004. On n'en finit pas. Acheva-t-il, avec une pointe de lassitude.

Tandis que le joueur de Tavli procédait calmement à l'éducation de Théo, apparut sur la télévision une nouvelle brève qui relança encore plus fébrilement les échanges.

— Vous avez lu, s'écria le molosse, prenant à témoin ses compères.

— « *Pour honorer ses obligations de remboursements, le gouvernement a prélevé 4 milliards d'euros sur les crédits de l'assurance maladie* » traduisit le joueur de Tavli à l'intention de Théo. Avant de poursuivre. Et, voilà ! Ça continue. Moi qui suis médecin, je peux témoigner que les hôpitaux sont au bord du naufrage. Des opérations chirurgicales sont quotidiennement repoussées malgré l'urgence car le matériel basique commence à manquer. Et cela va certainement accroître la tendance naturelle à devoir verser des pots-de-vin pour se faire soigner. Dans ce pays, la corruption atteint des niveaux inégalés dans tous les secteurs de l'administration et du quotidien des citoyens : les hôpitaux, les services municipaux et étatiques, la police. Même la justice ! Et le gouvernement se révèle incapable de reprendre en mains une société qui semble aller à la dérive…

À ce moment de leur échange, Théo et son interlocuteur furent interrompus par le vacarme d'une explosion qui fit vibrer les vitrines du café, prêtes à éclater. Peu après, le martèlement caractéristique d'une cavalcade annonçait une bande de jeunes poursuivis dans la rue par des policiers anti émeutes, harnachés de leurs casques et boucliers. Les gaz d'une grenade lacrymogène qui avait éclaté non loin du café s'infiltraient sous la porte et commençaient à les saisir à la gorge.

— Il s'agit d'une nouvelle variété de gaz, importée d'Israël, nota le médecin en se couvrant la bouche et le nez de son mouchoir. Il conseilla à Théo de laisser couler ses larmes, sans s'essuyer les yeux afin de ne pas risquer de brûler encore davantage son visage.

Soudain, deux jeunes en survêtements, capuches sur la tête et mouchoirs sur la bouche, s'engouffrèrent précipitamment dans le café. Le premier se jeta derrière le bar tandis que l'autre trouvait refuge aux toilettes, sans susciter la moindre réaction apparente des consommateurs. Ceux-ci demeurèrent impassibles lorsqu'un policier entrouvrit la porte pour jeter un rapide regard, circulaire et pesant. Après son départ, l'interlocuteur de Théo se leva lentement pour refermer la porte du café tandis que, dans la rue, une autre escouade de policiers semblait courir à la poursuite de la précédente. Revenant s'asseoir, il expliqua calmement à Théo.

– Samedi dernier, 6 décembre, un jeune de 15 ans, a été tué par un policier. Comme beaucoup de gens, ce soir-là, j'ai été alerté par SMS. J'ai foncé à l'École polytechnique où il y avait déjà beaucoup de monde. Tous ensemble, jeunes, vieux, cravatés, 'anars' ont alors décidé d'occuper les locaux. Depuis, fait nouveau en Grèce où les violences restent traditionnellement circonscrites à la capitale, l'ensemble du pays s'est embrasé. Cette explosion de colère s'est très rapidement étendue à d'autres grandes villes de province, même jusque sur l'île de Lesbos. Les manifestations suivies d'échauffourées avec la police sont devenues quasiment quotidiennes.

Le vieil homme, qui s'était illustré pendant la polémique précédente, ajouta dans un souffle, encore suffocant.

– C'est la rage des Grecs qui déborde. Du haut de mes 81 ans, je n'ai jamais vu cela.

Après avoir assuré la traduction, le joueur de Tavli, commenta :

– Que des jeunes de 15 ans s'attaquent à des commissariats, c'est 'normal' sous tous les cieux, même chez vous en France, n'est-ce pas ? Mais qu'à côté de la jeunesse lycéenne et étudiante, leurs professeurs, leurs parents, leurs grands-parents défilent eux aussi pour les soutenir, cela dépasse l'imagination ! Sur les trottoirs, le long des cortèges de manifestants, vous verrez des quadras comme moi, des quinquas, des retraités… La révolte concerne toutes les couches sociales et toutes les générations.

– Cela peut-il se comparer à ce qui s'est passé à l'École Polytechnique en 1973, se risqua à demander Théo.

– Même s'il a joué un rôle essentiel en marquant le début de la fin des colonels, le mouvement de 1973 n'a eu ni la durée, ni l'envergure de celui d'aujourd'hui, profondément enraciné dans l'impasse sociale et économique. Tous les partis de gauche sont impliqués, précisa-t-il, suivi par l'autre joueur de Tavli, trop heureux de pouvoir apporter sa pierre à l'édifice.

– Je m'appelle Mihalis. Je suis avocat. Chaque jour, je reçois des pauvres gens dont la maison va être saisie parce qu'ils ont

2 000 euros de dettes, alors que, dans le même temps, des millions sont détournés par les politiciens et par l'Église. Ce sentiment d'injustice explique en partie la violence des manifestations dont certaines dégénèrent. Des émeutiers se livrent parfois à des casses contre des supermarchés, mais aussi à des symboles comme les banques, les sièges sociaux flambant neufs des multinationales. Clin d'œil intéressant, l'une des premières cibles des casseurs a été, dans une ruelle d'Athènes, le Centre d'archives bancaires, là où sont recensés les noms de tous ceux qui ont dû emprunter pour survivre ! Le salut viendra-t-il par la rue dans ce pays à l'élite politique figée et clanique ? S'interrogea-t-il, un temps perdu dans ses réflexions, avant de demander à Théo alors que le calme revenait dehors et qu'à l'intérieur, le foot happait à nouveau les attentions.

– Mais toi, jeune étranger, que viens-tu chercher ?

– Je suis engagé dans une quête qui m'apparaît bien bénigne au regard des événements que vous traversez. Je ne m'imaginai pas trouver un pays à feu et à sang. Je suis venu chercher ici la ou les réponses à une question compliquée : pourquoi mon grand-père, qui fut un membre éminent du KKE et un grand résistant, s'est-il fait assassiner à Paris le mois dernier ?

– Tu as dû fouiller dans l'histoire, que dis-je, les histoires de ces dernières années et suivre le fil de celle de ton grand-père. N'oublie pas qu'après la reddition de la gauche vaincue et traumatisée, les résistants ont été déconsidérés, humiliés, emprisonnés alors que d'anciens collaborateurs retrouvaient aisément une place dans les organes de répression. Une grande partie de ce qui s'est passé ensuite en Grèce, de ce qui se passe encore aujourd'hui, est le résultat de l'absence de réconciliation avec le passé. Peux-tu imaginer la période délicate où des milliers de résistants, libérés, sont rentrés chez eux alors que ceux qui les avaient envoyés dans les îles, les mouchards, escomptaient qu'ils ne reviendraient pas ! Or certains sont revenus, comme peut-être ton grand-père ! Alors, ce sont deux Grèce qui se sont retrouvées face à face : celle qui avait dénoncé et celle qui avait été dénoncée. Un nouveau bain de sang aurait été possible. Fort heureusement, il n'a pas eu lieu ! Mais, imagine-toi un délateur et un revenant se croisant dans la rue, chacun sachant parfaitement à quoi s'en tenir sur l'autre et n'ayant d'autre ressource que de détourner le regard. Tu ressentiras peut-être encore cela dans tes pérégrinations, sans doute moins dans une grande ville comme Athènes que dans certains villages. Dis-moi, si tu veux bien, quels sont tes prochains terrains d'investigation ? l'invita Mihalis, un temps protecteur.

– 'envisage de poursuivre mes recherches demain au Polytechnique et à Exárcheia. Merci de votre accueil. Pour l'heure, je vais finalement visiter le Musée de la guerre tout proche.

– Bonne idée. Ce pourrait paradoxalement être aujourd'hui un îlot de calme et de sécurité, observa l'autre joueur de Tavli, en relançant les dés.

Chapitre XX

Mardi 9 décembre 2008 - Athènes

Théo avait mal dormi. Très mal dormi. D'abord, il avait été assailli de picotements dans le nez et l'œil gauche, restes probables des effluents du lacrymogène de la veille. Ensuite, le goutte à goutte du trop-plein de la chasse d'eau avait fait appel à son ingéniosité pour l'empêcher de nuire. Enfin, le couple de la chambre d'à côté ne lui avait rien laissé ignorer de la progression tonitruante de sa folle nuit d'amour.

Et pour couronner le tout un cauchemar éprouvant l'avait finalement jeté du lit de très bonne heure. Il s'y trouvait mêlé à une manifestation dont il ignorait l'objet, sauf qu'elle se déroulait du temps où les Britanniques occupaient Athènes. Les grappes de manifestants avançaient dans un mouvement qui faisait penser à un banc de poissons dans un immense aquarium, avec de brutaux changements de directions. Théo y accompagnait Kostas mais son grand-père avait été contraint de lui lâcher la main et se trouvait désormais à quelques mètres devant lui. Il n'avait pas réussi à le rattraper et finalement ils avaient été séparés quand, tout d'un coup, couvrant le brouhaha de la foule, des tirs d'armes automatiques avaient provoqué l'éclatement de la manifestation en une myriade de petits groupes. Mais, voilà que des contre-manifestants encagoulés avaient fait leur apparition sans susciter la moindre réaction de la police et ils s'étaient mis à faire leur marché, embarquant indifféremment hommes, femmes ou enfants. Théo s'était retrouvé jeté sans ménagement dans un camion vite rempli qui l'emmenait vers le gymnase olympique d'Ano Liossia. Théo s'étonna car il savait bien qu'en 1943, ce stade n'était pas encore construit. Cette observation pertinente n'avait pas suffi à interrompre son cauchemar pendant lequel il était emmené dans les vestiaires du stade où il avait été sévèrement battu par deux hommes qu'il avait cru reconnaître comme étant Yorgos et Manolis, tandis que dans le vestiaire d'à côté, Kostas hurlait que son petit-fils était étranger à tout çà. C'est alors que le cousin Stavros avait fait son entrée, demandant qu'on le laisse s'occuper de Théo. Lui jetant un seau d'eau à la figure, il avait hurlé : "*Tu me reconnais ? Je suis ton cher cousin. Tu vois que nous avons déjà obtenu la conversion de ton père et de Manolis. Sache que je pourrais te tuer, Churchill m'en a donné le droit. Si nous te laissons en vie, c'est parce que nous allons tenter de faire de toi un bon nationaliste. Mais ne te fais pas d'illusion : nous ne reculerons devant rien. Nous sommes les vainqueurs. Vous êtes les vaincus. Maintenant, pour montrer ta bonne volonté, tu vas prendre ce revolver et aller dans la pièce à côté exécuter l'irréductible Kostas*" avait-il ordonné, avec un rictus effrayant. Pris d'un courage inattendu, et malgré les protestations d'autres prisonniers qu'il reconnut comme étant les joueurs de Tavli, Théo s'était saisi de l'arme... mais il l'avait retourné sur Stavros qu'il avait froidement abattu. Il avait un instant hésité à tirer également sur Yorgos, avant de finalement sortir des vestiaires et s'enfuir en traversant la pelouse du stade sous les applaudissements de la foule. Les exclamations bruyantes s'étaient confondues avec de nouveaux assauts amoureux de l'autre côté de la cloison, provoquant le réveil de Théo, hagard et trempé de sueur. Après avoir récupéré son souffle et ses esprits, il avait saisi une chaussure et tapé vigoureusement sur le mur mitoyen. Des rires étouffés lui avaient répondu avant que le calme ne revienne enfin.

Après une douche froide pour se laver du manque de sommeil, Théo monta au dernier étage prendre un copieux petit-déjeuner inscrit au menu de l'hôtel qui vantait une vue sur l'Acropole à vous couper le souffle. À la table voisine, un couple d'éphèbes nordiques minaudait sans retenue avec des voix qu'il identifia sans hésiter comme celles de ses indélicats voisins de chambre. Rongeant son frein, il leur dédia le regard le moins aimable inscrit à son catalogue. Son petit-déjeuner achevé, il se leva gauchement de manière à bousculer leur table au passage dans un concert de vaisselle et de liquides renversés, quittant les lieux sans le moindre geste d'excuse.

Après avoir dû motiver sa demande de changement de chambre pour la nuit suivante, il se fit donner par le concierge quelques indications utiles pour mener à bien son programme de la journée. Il s'était promis de commencer par rechercher l'échoppe de sa tante dans les rues bordant le site de l'Acropole et d'y interroger systématiquement toutes les boutiques de souvenirs. Puis, il avait prévu de se rendre ensuite dans le quartier de Néa Ionia où ses grands-parents avaient vécu quand ils avaient rejoint Athènes. Enfin, s'il lui restait un peu de temps, il irait prendre l'ambiance du côté du Polytechnico et du quartier d'Exárcheia. Le concierge lui renouvela ses conseils de prudence car de nouvelles manifestations étaient prévues dans l'après-midi.

En sortant de l'hôtel, rue Falirou, il découvrit que, pendant la nuit, une floraison d'affiches s'était épanouie sur les vitrines des magasins, les bancs publics, les portes d'immeubles, les kiosques. Il s'employa à en déchiffrer la signature – Syriza – mais dût en demander la traduction à un passant. L'affiche proclamait :

Aux banques de l'argent,
À la jeunesse des balles,
Ces jours sont les nôtres.
CHASSONS-LES.

Les rues paraissaient comme hébétées par les échauffourées de la veille. Il y régnait un calme oppressant. Théo regardait en permanence à droite, à gauche, de peur de voir surgir une cavalcade de manifestants poursuivis par des brigades de policiers et/ou une pluie de lacrymogènes. Son statut d'étranger ne lui serait d'aucune aide face à une police connue pour ses méthodes de répression contre les étudiants ou les émigrés, une police corrompue, violente et impunie, selon une tradition héritée à la fois des colonels et du clientélisme des partis au pouvoir. Il rejoignit l'avenue Chatzichristou pour remonter la rue Kariatidon avant d'aboutir à hauteur du théâtre de Dionysos.

Il avisa un premier magasin de souvenirs qui vendait d'horribles cartes postales en 3D, des copies d'amphores certifiées 'authentiques', des komboloï de toutes combinaisons nettement moins beaux que celui de son grand-père, des poupées arborant la même jupe que les soldats devant le Parlement, des cassettes de sirtaki, de minuscules bouzoukis aux cordes distendues, des crèmes pour touristes brûlés par le soleil, des nattes de raphia et divers modèles de préservatifs.

Un jeune homme, à peu près de l'âge de Théo, était partiellement dissimulé derrière le tiroir-caisse, trop occupé par son jeu vidéo pour lui prêter attention. Il comprenait l'anglais mais répondit rapidement qu'il n'avait jamais entendu parler dans le quartier d'une Aspasia. Saisi par l'urgence, en reprenant son jeu, il lui conseilla de tenter sa chance dans les commerces voisins.

Il fit également chou blanc dans la boutique suivante qui paraissait davantage orientée 'textiles' avec des tee-shirts garantis fabriqués en Grèce, mais aussi une profusion de vestes, ceintures et sacs de cuir, chapeaux façon Borsalino et casquettes d'universités improbables.

Suivait un magasin qui, outre une sélection de presse étrangère, offrait un large choix de guides touristiques et de manuels de conversation. Il s'attarda sur les ouvrages de Ritsos dont il avait lu le poème 'La Paix' à la fin les obsèques de Kostas. Parmi diverses traductions des romans de Nikos Kazantzakis, il dénicha un '*Zorba*' en français qu'il s'empressa d'acheter pour avoir le plaisir de le dévorer 'in situ'. Il feuilleta plusieurs polars de Petros Markaris dont il avait parcouru récemment "*Le Che s'est suicidé*", une des enquêtes du célèbre commissaire Kostas Charitos, le Maigret grec à qui il avait prêté quelques ressemblances avec son parrain. En revanche, il se souvenait avoir été agacé par la propension de l'auteur à faire de longues digressions à propos des relations conflictuelles entre son héros et les embouteillages permanents d'Athènes. Par chance, Théo retomba juste sur un passage qui illustrait parfaitement ce système : " *Je ne prends pas le trajet par l'avenue Alexandras, mais je passe par l'avenue Panormou pour éviter une partie des gros embouteillages. Heureusement juillet est presque là... La circulation a une fluidité acceptable. En un quart d'heure, je suis au numéro 54 de la rue Aigalias et je me gare* ". Il hésita à en acheter un exemplaire pour l'envoyer à son parrain, mais craignit de dévoiler ainsi où il se trouvait, avant de se raviser car, de toute façon, son téléphone et sa carte bleue l'avaient déjà surement trahi. Alors il en acheta deux exemplaires, un pour son Yannick, l'autre qu'il refilerait peut-être à son père. Là encore, la jeune Grecque polyglotte de très bonne volonté qui tenait la caisse ne put lui donner le moindre espoir de trouver Aspasia ; pourtant, elle aurait bien volontiers prolongé la conversation, voire davantage, avait-elle laissé entendre sans ambiguïté à Théo, en le dévisageant d'un œil gourmand.

Insensible, celui-ci commençait à désespérer de retrouver sa tante. Il décida de faire une pause en répondant favorablement aux sollicitations d'un restaurateur qui faisait de la retape sur le trottoir afin d'attirer les passants dans son établissement. Cela lui rappelait un peu les pratiques de certains des restos de la rue Mouffetard ou du quartier Saint-Séverin. La salle était déserte, éclairée aux néons, avec des tables en bois carrelées et des banquettes qui avaient oublié le jour où elles avaient été rembourrées. Il commanda un petit café et un baklava, avant d'entamer la conversation avec le tenancier qui, à cette heure, paraissait ne demandait que ça.

Ayant estimé que son âge en faisait un témoin fiable sur la période visée, Théo décida de changer de stratégie et pour en faire une affaire moins personnelle, de se faire passer pour un thésard travaillant sur l'histoire des colonels. Et Vassilis ne se fit pas prier pour lui raconter en anglais ce qu'il avait vécu. D'une voix sourde qui semblait venir du tréfonds de ses souvenirs, il parla, parla, parla…

  – J'avais 22 ans, lorsque les colonels ont pris le pouvoir en avril 1967. Avec mes camarades de l'université, répartis en petits groupes très mobiles pour échapper à la police, nous distribuions des tracts contre la dictature. Un jour, j'ai appris que j'avais été dénoncé par un voisin qui m'avait vu rentrer tard un soir, les bras chargés d'affiches. Dans la perspective d'une probable arrestation, je m'étais enfui sans traîner espérant pouvoir atteindre l'Allemagne. Malheureusement, dans le train, le contrôleur, suspicieux, conserva mon passeport et, à l'arrêt suivant, me remit aux militaires. Après un copieux passage à tabac, je fus expédié à Folégandros, cette île des Cyclades où la dictature envoyait les opposants les moins 'dangereux'. Je ne peux pas me plaindre alors que des milliers de personnes comme mon beau-frère ont été arrêtées et ont connu pire que moi à Yaros. Les tortionnaires leur arrachaient les ongles, leur frappaient la plante des pieds selon une technique baptisée '*phalanga*' jusqu'à ce que la peau se déchire et que les os se brisent ; ils allaient jusqu'à introduire des objets dans le vagin des femmes...

Théo n'écoutait pas vraiment cette énumération d'horreurs que déclinait Vassilis. Le seul mot 'Yaros' avait mis son cerveau en mode pause et il attendait le moment propice pour poser sa question, tandis que Vassilis poursuivait.

– ...dans la gorge des victimes pour les asphyxier ! Tout ceci résonnait comme la reprise d'une guerre en suspens entre droite et gauche. Nombre de familles ont dans leurs rangs des proches qui ont été détenus et torturés après la Seconde Guerre mondiale, puis encore sous la junte des colonels. Cela pourrait m'arriver à moi encore aujourd'hui car nous sommes les petits-enfants des '*andartes*', et nos ennemis sont les petits-enfants grecs de Churchill. Tout cela est plus ou moins enfoui en chacun de nous, mais demeure très douloureux, acheva-t-il en se mouchant bruyamment.

– Vous dites que votre beau-frère a été interné à Yaros. Aurait-il rencontré un certain Yorgos Panantolis ? s'engouffra Théo, à tout hasard.

– Je ne l'ai jamais entendu prononcer ce nom, mais, attendez, il est en cuisine, je vais lui demander ou le faire venir s'il est disponible.

Il revint avec le cuistot, bardé d'un grand tablier et coiffé d'une charlotte à la blancheur passée. Celui-ci réfléchit un temps avant de finalement répondre à son beau-frère qui traduisait au fur et à mesure.

– Panantolis, ce nom me dit quelque chose... Après une nouvelle réflexion, il suggéra : ce n'était pas un garde, non ! Plutôt un détenu d'une cellule voisine. À moins que ce soit le nom de quelqu'un qui avait signé la déclaration et qu'on nous ressassait dans les haut-parleurs. Non ?... Mais tout ça est heureusement bien lointain, lâcha-t-il dans un soupir, refusant de s'étendre davantage.

Alors qu'il retournait à ses fourneaux, il semblait porter sur les épaules toute la tristesse de ces années-là.

– Et bien voilà ! Mais n'allez pas tirer des conclusions sur des propos aussi vagues. Des fois, ses souvenirs le trahissent. Il mélange un peu tout. En espérant vous avoir un peu aidé, je vous conseille de vous armer de prudence dans vos recherches et vous souhaite bonne chance.

Puis Vassilis se leva pour accueillir une bande de touristes chinois qui procédaient à une invasion bruyante et méthodique du restaurant.

Théo paya et, sans attacher sur le moment trop d'importance à cette information imprécise qu'il venait de recueillir, décida de poursuivre sa progression méthodique en pénétrant dans le magasin suivant. On y vendait surtout des sculptures, naturellement 'authentiques' ! Des chouettes d'Athéna en calcaire, des dauphins de porcelaine, des dieux et des déesses, des cariatides en résine synthétique, des masques de tragédie en terre cuite, des icônes patinées à l'ancienne représentant divers saints aux noms invraisemblables transcrits en lettres byzantines, etc. Mais d'Aspasia, point. Ou plutôt, une faible lueur allumée par la commerçante qui, après un deuxième instant de réflexion, lui répondit qu'elle connaissait bien une Aspasia mais…

– Celle que je connais doit bien avoir une bonne soixantaine d'années… Non, elle n'est pas là… Non, non, elle ne tient pas une boutique de souvenirs dans cette rue… Ni dans aucune autre… Mais, il y a bien une Aspasia qui nous approvisionne en marchandises diverses depuis sa camionnette, en fonction de nos besoins et de nos urgences…

– …une sorte de grossiste ambulante, tenta Théo, tout excité.

– C'est cela même. Vous ne pourrez la trouver que le matin avec sa camionnette verte… Avant 11h, parce qu'après il faut faire place aux touristes et la circulation et le stationnement sont en principe interdits.

– Vient-elle tous les jours ?

— Oui, tous les jours que les Dieux de l'Olympe font, assura-t-elle, avec un sourire encourageant.

Théo remercia la femme, puis rebroussa chemin pour se diriger vers la station de taxis. Il remonta lentement la file, dévisageant chaque chauffeur car il espérait retrouver le vieux fou qui l'avait transporté le premier jour. En vain. Il retourna vers le véhicule en tête de file, s'assit à l'avant après avoir salué le conducteur et lui indiqua vouloir se rendre à Néa Ionia.

— Où ça ? répondit celui-ci, sans même tourner la tête.

— Je ne sais pas précisément… J'espère seulement pouvoir retrouver la maison où mon grand-père a vécu, quelque part du côté de l'église Agio Anargyri.

La voiture s'étant insérée dans la circulation, le chauffeur lui demanda de quel pays il était. Après avoir répondu, Théo engagea la conversation.

— Ce n'est pas trop compliqué et dangereux de circuler quand il y a toutes ces manifestations ? J'ai vu les nombreuses dégradations de vitrines de magasins, du mobilier urbain. La population soutient-elle le mouvement ?

— Les pillages ont surtout lieu au centre des villes, à Athènes et ailleurs. Mais il ne faut pas croire qu'ils cassent n'importe quoi, lui répondit le chauffeur, avec l'air de celui qui a réfléchi et ne s'en laisse pas conter. Bien sûr, il y a les anarchistes patentés… mais aussi des sans-papiers, des sans toit, des immigrés, des jeunes de 14-15 ans désespérés parce qu'ils ne voient pas d'avenir, des parents aussi. J'ai vu des retraités qui ne peuvent plus s'en sortir face à la vie chère. J'en ai même vu s'attaquer aux supermarchés parce qu'ils ont faim. D'autres attaquent des banques, parce que les '*banksters*' nous volent depuis si longtemps ! C'est la révolte des laissés-pour-compte, d'une frange jusque-là silencieuse, méconnue, mais que le reste de la population soutient en restant muette. De toute façon, les commerçants savent que la police ne défendra pas leurs vitrines... La Société grecque se complait dans une amoralité affichée, diablement inquiétante, sur fond de clientélisme, d'enrichissement, de banalisation des scandales. Tous pourris !

Il faudrait donner un bon coup de pied dans tout ça... Mais ça ne me dit pas où je vous dépose ? se rappela-t-il.

Préférant ne pas en entendre davantage sur le thème peu constructif du 'tous pourris', Théo déclara sans hésiter en apercevant l'église Agio Anargyri :

– Ici, ce sera parfait, et merci.

Il paya et descendit rapidement du taxi. Puis, après avoir jeté un regard circulaire pour choisir où aller, il remonta une rue en lacet qui serpentait vers les hauteurs du quartier. Il hésita, s'arrêtant devant deux ou trois maisons sans reconnaître celle qu'il avait vue dans l'album de photos de son papou. Il aurait dû l'emporter avec lui. Pourquoi pas celle-là ? Non ! Et celle-ci ? Pas davantage !

Au-dessus d'une boutique barricadée d'une palissade, il avisa un homme âgé qui fumait sa pipe, emmailloté dans une couverture, assis sur un tabouret qu'il distinguait à travers le garde-corps du balcon. Lui faisant signe, Théo le salua et lui demanda s'il parlait français ou anglais. D'un air bourru, celui-ci lui demanda en anglais ce qu'il cherchait. Théo lui répondit :

– Je cherche dans quelle maison habitait mon grand-père, Kostas Panantolis, pendant et après la guerre ?

– Panantolis ! Si ton grand-père était Grec, tu devrais me parler en grec, mon garçon !

– Hélas, je ne parle pas grec, convint Théo, contrit.

– Et pourquoi ?

– Parce que je suis né en France où mon grand-père et mon père se sont exilés !

– Et pourquoi ? poursuivit le vieux. Ils n'étaient pas heureux en Grèce ?

– Ils y ont vécu des moments difficiles, esquiva Théo.

Le vieux se redressa alors, pointant un doigt vengeur en direction de Théo, avant d'asséner avec rage.

– Encore un résistant communiste, sans doute ! Hors de ma vue, je n'ai plus rien à te dire, et il rentra chez lui en claquant la porte-fenêtre.

Abasourdi, sans voix, Théo tourna les talons et, n'osant plus poser de questions à quiconque, remit au lendemain la poursuite de sa déambulation dans le quartier.

Chapitre XXI

Mercredi 10 décembre 2008

Si ses nouveaux voisins de chambre s'étaient tenus à carreau pendant la nuit, Théo ne dormit pas mieux pour autant. Trop de questions se télescopaient dans sa tête. Encore échaudé par son dernier contact de la veille, il partit cependant à la découverte d'une autre partie de Néa Ionia.

En scrutant attentivement le fond d'une impasse où s'amoncelaient plusieurs véhicules, en bonne voie pour gagner le statut d'épave, il s'approcha d'une maison d'un étage tapie derrière un minuscule jardin. Deux enfants y jouaient sous l'œil attentif d'une femme âgée, toute petite, qui s'efforçait d'étendre son linge sur un fil bien trop élevé pour elle. Apercevant Théo, elle s'arrêta pour l'interpeller en grec, puis, en l'absence d'une réponse autre qu'un sourire, continua en anglais.

– Je peux vous renseigner ?

– Bonjour. Je peux peut-être vous aider à étendre votre linge car le fil est juste à la bonne hauteur pour moi…

– Merci, vous êtes très gentil mais j'ai l'habitude. Vous semblez chercher quelque chose ou quelqu'un ?

– Oui, je recherche la maison où mon grand-père, Kostas Panantolis, a habité.

Croyant qu'elle n'avait pas compris, il répéta.

– Je suis à la recherche de la maison où mon grand-père, Kostas Panantolis, a habité.

– PA-NAN-TO-LIS, disséqua consciencieusement la femme, manifestement surprise.

– Oui, Kostas, le fils d'Agaton et Adriani Panantolis, le mari de Chryssoula, enchérit Théo, ayant peine à maîtriser une nette accélération de son rythme cardiaque.

La femme lui fit signe d'approcher, ouvrit la barrière du jardin et l'attira à l'intérieur, en se présentant à voix basse, comme on délivre un secret.

– Je m'appelle Erina, un prénom albanais qui signifie 'belle femme'. Et voici mes petits-enfants, Bora et Bukurosh, que je garde pendant que leur mère fait sa journée à l'hôpital. Mais entre donc dans la maison, ce n'est pas la peine que tout le monde nous regarde et nous entende. On ne sait jamais.

Après avoir refermé la porte, elle ajouta.

– J'allais me faire un peu de thé, en veux-tu ?

– Oui, volontiers, merci.

L'intérieur était propre et frais. Un mobilier disparate, peut-être de la récup', se dit-il, quelques bibelots, et une légère odeur mêlant eau de javel et herbes aromatiques. De l'origan, peut-être ? Sans avoir pu arrêter un diagnostic, il entreprit un exposé en parlant lentement comme on le fait à quelqu'un qui ne donne pas l'impression de vous comprendre.

– Je m'appelle Théophraste… Je suis le fils de Yorgos et le petit-fils de Kostas et de Chryssoula… Vous avez connu la famille Panantolis, ma famille ? Réinterrogea-t-il, au bord des larmes, submergé par l'espoir d'avoir mis la main sur un élément clé de sa quête.

– Oui, mais c'est une longue histoire, répondit-elle, hésitante. Il faut que je la reconstitue !

Elle cherchait ses mots pour énoncer la suite.

– Pendant le reflux de l'armée italienne en Albanie, suite à son invasion manquée de la Grèce, notre maison a été détruite. Durant la longue errance de ma famille, nous avons habité chez les uns, chez les autres… jusqu'à la fin de la deuxième guerre mondiale. Mais, tu le sais sans doute, la guerre civile s'est alors enracinée en Grèce pour ne prendre fin qu'au crépuscule des années 40'. Alors, il nous a, enfin, été possible de nous lancer dans une interminable quête d'un logement.

– Cela fait que vous êtes arrivés ici en quelle année ? essaya de calculer Théo.

— En 1951 ! Nous avons eu la chance extraordinaire de trouver cette maison où ta grand-mère, Adriani, vivait seule depuis la mort d'Agaton et au ralenti dans l'attente du retour de son Kostas qui avait dû évacuer le mont Gramos et se réfugier à Tachkent. À cette époque, elle était encore en permanence sous la vigilance de la police... D'ailleurs, elle était si traumatisée par ce qu'elle avait vécu qu'elle était prise de nausées et vomissait chaque fois qu'elle voyait un policier. Elle nous a très généreusement accueillis et nous a proposé de partager cette maison devenue trop grande pour elle seule. Cela lui faisait un peu de compagnie. On peut dire qu'elle nous a littéralement adoptés. Nombreuses sont les familles albanaises qui, comme la nôtre, ont suivi ce parcours. Pour tenter de se fondre dans l'identité grecque, certains changeaient simplement de nom, d'autres comme moi adoptaient la religion orthodoxe. Ta grand-mère a même accepté de devenir ma marraine...

— Comment dois-je t'appeler, alors ? Tante Erina ? demanda Théo, avec un large sourire en se laissant aller au tutoiement.

— Comme tu voudras, mon petit Théo, dit-elle en l'embrassant affectueusement, avant de reprendre son récit. Nous avons tout partagé avec Adriani. Ses angoisses au sujet de Kostas. Puis, l'annonce de son mariage avec Chryssoula. Et, lorsqu'elle apprit la naissance de leurs jumeaux, son immense joie teintée d'impatience de les prendre dans ses bras... Yorgos serait donc ton père, souligna-t-elle, le détaillant pour rechercher une ressemblance. Tes grands-parents et les jumeaux n'ont malheureusement pu rentrer de Tachkent qu'en 1963. Cette maison est alors devenue trop petite pour héberger nos deux familles, cependant ils ont refusé d'en chasser les immigrés chéris d'Adriani et se sont installés trois rues plus loin. Mais tu dois déjà savoir tout cela, ajouta-t-elle, soudain confuse de s'être laissée submerger par ce torrent de souvenirs.

Théo était sous le charme, comme un marin qui, après une très très longue traversée, distingue dans le lointain un bout de terre ferme et se dit prêt à l'adopter, aussi inhospitalière soit-elle. Il avait été accueilli avec chaleur au point de se trouver, d'un seul coup, vidé de toutes questions, pourtant préparées de longue date. Qu'est-ce qu'il aurait aimé avoir là, à ses côtés, son parrain lequel aurait certainement su prendre le relai des questions à poser à Erina. Peut-être même que son père aurait pu l'aider à ce moment précis. C'est dire s'il était désarçonné.

– Non, non, je ne sais pas tout, loin de là, bafouilla-t-il. Et j'aime beaucoup t'entendre raconter toute cette histoire qui est un peu mon histoire, aussi. Ma visite à Athènes a pour but à la fois de retrouver mes racines mais aussi de tenter de découvrir qui a bien pu tuer Kostas, mais tu ignores sans doute qu'il est mort le mois dernier à Paris, probablement assassiné.

À cet énoncé, Erina, le souffle coupé, laissa apparaître sa stupeur.

– J'ignorais que Kostas avait été tué, dit-elle. Mais qui aurait bien pu lui en vouloir au point de le tuer ? D'autant plus que quand ta famille est rentrée de Tachkent, il a fait profil bas. Du moins, il ne militait pas ouvertement, d'autant plus qu'Adriani, atteinte d'un cancer, était en train de nous quitter doucement. Elle est morte en 1965, paix à son âme. Certainement marqués par ce qu'ils avaient vécu à Tachkent, Kostas et Chryssoula étaient revenus ici, craintifs de tout et de rien, à fortiori pour leurs enfants. Tu sais comment sont les parents.

– Que peux-tu me raconter de la jeunesse de Yorgos et d'Aspasia, s'enquit Théo.

– C'étaient deux adolescents magnifiques à la fin des années 60. Alors qu'il paraissait comme sur des rails pour suivre des études de droit, Yorgos a soudainement changé d'orientation : il est parvenu à se faire pistonner par on ne sait qui et à entrer au Polytechnio pour y mener des études d'ingénieurs. Pour sa part, Aspasia réussissait moins bien... Ne va pas penser comme un macho que c'est parce que c'était une fille, Théo ! l'avertit-elle en lui jetant un regard suspicieux. Mais, il est vrai qu'elle pensait davantage aux fringues, aux sorties avec les copines et surtout aux petits copains qu'elle collectionnait, au grand désespoir de son frère et de ses parents. Elle avait une propension à s'enticher de 'gauchos', de 'hippies'. Alors que les tensions politiques laissaient présager un changement vers un régime d'une droite dure, Kostas a préféré l'éloigner d'Athènes et la mettre en sécurité chez des cousins éloignés, au sens propre et au sens figuré. Je ne saurais te dire ni chez qui, ni où !

Par recoupements, j'ai seulement été conduit à imaginer qu'il s'agissait d'une île grecque dont ils ont jalousement tenu le nom secret, même pour son frère ou pour moi, de peur qu'un jour quelqu'un puisse nous forcer à le révéler.

Avec humour, pour soulager la tension de son récit, Erina ajouta :

– Ça me laissait une chance sur 1400 de découvrir de quelle île il s'agissait…

– Mais seulement une sur les quelques 169 qui sont habitées, renchérit Théo, complice.

– C'est vrai, ma foi. Tu conviendras que c'est quand même chercher une aiguille dans une botte de foin, comme disait souvent Adriani. Et puis, plus aucune nouvelle d'Aspasia… dit-elle d'un ton tragique, avant de poursuivre… jusqu'au jour où tes grands-parents ont reçu un faire-part annonçant son mariage avec un certain Zacharias ! Sans tambour ni trompette, ni même inviter la famille ! C'était en 1972, si je me souviens bien. Kostas était furieux, d'autant plus qu'après avoir mené sa petite enquête, il avait découvert que son nouveau 'gendre' trônait comme un petit potentat sur son île où il agissait en maître avec le soutien politique de la junte. Il aurait été impliqué dans diverses magouilles locales, et certainement en odeur de sainteté avec l'Église orthodoxe puisque son mariage avec Aspasia avait même été béni par un archevêque ! Mais Kostas ne décolérait pas…

– Tu n'aurais pas des photos du mariage, par hasard, demanda Théo, presque machinalement.

Elle fit non de la tête, tandis qu'il confessait, soufflé par ses révélations :

– Je comprends maintenant pourquoi mon père ne m'a jamais parlé de sa sœur. Et c'est sans doute ce type qui, pour se venger de la désapprobation familiale, a dénoncé Kostas qui s'est fait virer comme un malpropre du restaurant où il avait trouvé à s'employer comme cuistot à son retour de Tachkent.

– Peut-être ! En revanche, c'est peut-être grâce à ce même Zacharias que, lorsque Yorgos s'est fait prendre dans une manifestation autour du Polytechnio en novembre 1973, il a 'seulement' été exilé à Folégandros, plutôt qu'au camp de Yaros.

– Pourtant Papa m'a dit avoir été incarcéré à Yaros, ce qui m'a été partiellement confirmé par une autre personne que j'ai rencontrée. Tout çà n'est décidément pas très clair. Finalement, je ne sais pas si j'ai raison de vouloir à toutes forces rencontrer cette tante Aspasia, près de l'Acropole demain matin, se demanda Théo. D'ailleurs, si j'ai besoin d'une tante, tu fais parfaitement l'affaire. Je t'appellerais tante Erina, lui confirma-t-il avec un sourire enjôleur.

Elle éclata de rire et l'embrassa affectueusement, en lui décochant un généreux *'endaxi'* (d'accord). Il en profita pour poursuivre son tour d'horizon familial.

– As-tu durant toutes ces années entendu parler d'un certain cousin Stavros ? tenta-t-il.

– Tu parles bien du fils de la sœur ainée d'Adriani ? On a prétendu qu'il aurait été tué par des *Elassites* pendant la deuxième guerre civile, mais je n'ai jamais voulu accepter cette version et tes grands-parents non plus. Un temps, je me suis demandé si c'était ce cousin auprès duquel Kostas avait expédié Aspasia, sans trop y croire vu la haine qu'ils nourrissaient l'un pour l'autre pendant la guerre et après. Si tu parviens à retrouver Aspasia, demain, peut-être te révélera-t-elle ce secret.

– Assez bavardé pour aujourd'hui, il faut que j'aille du côté du Polytechnio poursuivre mon enquête.

– Mais tu ne m'as pas donné de nouvelles de ton père…

– Il se portait très bien la dernière fois que je l'ai vu. Ne t'inquiète pas pour lui. D'ailleurs, il ne sait même pas que je suis ici, ajouta-t-il d'un air bravache. Alors ne te fais pas de soucis. Merci pour tout, tante Erina, dit-il en l'embrassant affectueusement.

Pour ne pas le braquer, elle n'essaya pas d'en savoir davantage ni de l'assommer de conseils. Bienveillante, elle lui demanda.

– Quand repars-tu à Paris ? J'espère que tu reviendras me voir, avant ton départ. Tu es ici chez toi, ajouta-t-elle en l'embrassant.

Cette avalanche d'informations inattendues avait perturbé Théo, même s'il avait fait semblant d'encaisser sans laisser paraître son malaise. Il se dit qu'un peu de marche lui ferait du bien. Il redescendit de Néa Ionia en direction de Exárcheia et du Polytechnio.

Chapitre XXII

Pris entre deux quartiers bourgeois, Exárcheia est un peu le Quartier latin d'Athènes. Ce serait aussi le fief des anarchistes grecs, un fief qu'ils doivent cependant partager avec les groupes d'extrême gauche. La police ne s'y aventure que quand ça chauffe vraiment, histoire de dérouiller leurs matraques. Aujourd'hui, ce quartier est une des places fortes de la lutte anti austérité, avait résumé le concierge de l'hôtel.

Théo remarqua que de nombreuses vitrines étaient envahies par les graffitis, avec force affichettes '*Enoikiazetai*' (à louer) ou '*Poleitai*' (à vendre). Les immeubles laissés à l'abandon paraissaient souvent squattés par des immigrés ou des réfugiés. Il déambulait dans les rues étroites, d'allures plutôt sinistrées, peinturlurées, taguées jusqu'au moindre recoin avec de nombreux rideaux métalliques baissés. Quelques murs couverts d'affiches laissaient parfois place à l'illustration des grapheurs. Il photographia les couleurs vives de superbes anamorphoses qui animaient çà et là une série de piliers ou de marches, tandis que, timidement dans cette jungle d'asphalte, quelques eucalyptus poussiéreux détonnaient. C'était un quartier d'imprimeurs, d'éditeurs, de disquaires, avec de nombreuses librairies, parfois chics, parfois carrément 'trash', mais Théo y releva des signes avant-coureurs matérialisant une boboïsation qui gagnait les hauteurs : cybercafés et épiceries bio rivalisaient désormais avec les squats.

C'était décidément un quartier 'à part', une sorte de no man's land. C'est là que s'était amplifié le soulèvement contre la dictature des Colonels en novembre 1973, lors de la révolte étudiante de l'Université polytechnique nationale d'Athènes. C'est là qu'avaient commencé, il y a quelques jours, les émeutes après le meurtre du jeune Alexis, tué par balles par un policier dans une rue du quartier. Depuis qu'il y marchait, Théo avait croisé de nombreux étudiants, mais aussi beaucoup de sans-abris. Il n'aurait su dire pourquoi mais il ne se sentit soudain plus trop en sécurité et regretta une nouvelle fois l'absence de son parrain. "*C'est décidé, ce soir, je le Skype*", se dit-il, alors qu'à une dizaine de mètres devant lui, trois jeunes en parkas d'inspiration militaire encerclaient un homme nu-pieds. Ils l'apostrophaient violemment en anglais, le traitant de parasite, de voleur, avant de le bousculer, de le faire tomber à terre et de le rouer de coups de pieds. Un "*ho !*" sortit de la bouche de Théo avant qu'il ait pu s'interroger sur la pertinence d'une telle réaction et la retenir. Ce n'était pourtant pas le moment de ressortir cette phrase de L'Iliade, citée régulièrement par son grand-père, et qui résumait parfaitement l'instant présent : "*Malheureux ! Quel mot s'est échappé de l'enclos de tes dents ?*"

Déjà, l'un des trois agresseurs s'était tourné vers lui, le détaillant et l'interpellant en anglais tandis qu'il s'approchait lentement.

– On n'aime pas beaucoup les étrangers par ici. Ceci s'applique aussi bien à ce 'paki' qu'à toi, blondinet. Alors, dégage !

Avant qu'il ait pu argumenter, voire obtempérer ou tenter le moindre mouvement, les deux autres rappliquaient. Ils commencèrent à le bousculer, le projetant de l'un vers l'autre, comme une toupie folle, et ceci de plus en plus vite et de plus en plus vigoureusement.

– Rien à ajouter ? demanda celui qui devait être le chef de la bande, en lui décochant une forte gifle à dévisser la tête.

Son nez commença à pisser le sang. La lèvre avait salement morflé, sans doute accrochée par une bague ou une chevalière. Ayant fini de jouer, les nervis changèrent de tactique. Tandis que les deux autres retenaient Théo pour l'empêcher de tomber, le troisième le bourrait de coups de poings dans le ventre…

Soudain, le bruit d'un rideau de fer qu'on relève sans ménagement attira l'attention des agresseurs de Théo. Ils le lâchèrent alors que surgissait d'une boutique voisine abandonnée une petite demi-douzaine de jeunes hommes et femmes apparemment prêts à voler à son secours. Une bagarre généralisée s'ensuivit. Le 'paki' en profita pour s'éloigner sans demander son reste tandis que Théo, un peu sonné, progressait de quelques mètres sur son fessier avant d'aller vomir dans une poubelle.

Les coups pleuvaient de part et d'autre de la mêlée, mais l'avantage du nombre semblait jouer en faveur des sauveteurs qui n'hésitaient pas à faire usage de leurs casques de scooters comme d'armes. Les agresseurs de Théo trouvèrent alors un prudent salut dans la fuite. Naturellement, il n'y avait aucun policier à l'horizon, mais cela valait peut-être mieux car nul ne sait de quel côté aurait penché leur arbitrage, expliquèrent à Théo ses sauveteurs tandis qu'ils le transportaient dans la boutique, le store aussitôt rabaissé.

Téléphones mobiles, SMS et blogs jouaient un rôle essentiel lors de ces journées d'émeutes pour coordonner les initiatives, signaler des actions directes ou installer une contre-manifestation. D'ailleurs, comme une illustration du phénomène, une autre équipe ainsi alertée vint les rejoindre avec un infirmier qui prodigua les premiers soins à Théo.

Les commentaires allaient bon train entre ses sauveteurs qu'il estima être plus ou moins de son âge.

– Ce n'étaient que des militants d'Aube Dorée, un parti d'extrême droite pour qui l'étranger est vu comme une menace pour l'emploi, la sécurité, la culture grecque. Ils s'imaginent que la guerre civile n'a pas pris fin, confessa l'infirmier qui nettoyait ses plaies.

– Les manifestations actuelles s'inscrivent dans un contexte plus large, argumenta un étudiant en sciences politiques répondant au prénom de Nikos. Nous aimons notre pays, mais il n'y a tout simplement aucun futur ici. Avec la crise, nos parents ne savent même pas s'ils pourront s'acquitter de leurs dettes. Nous, par exemple, avons dû déménager dans un appartement plus petit ce qui fait qu'avec ma sœur nous partageons la même chambre. Nos gouvernants, comme leurs prédécesseurs, sont des voleurs. L'argent qu'ils ont reçu de l'Europe a été gaspillé et n'a profité qu'aux plus riches. Mon avenir n'est pas de rester ici pour gagner 350 euros par mois. Je veux partir ailleurs, en Europe, ou peut-être en Australie.

– À quoi servent nos diplômes ? soupira Elefteria, une étudiante en biologie. À rien, sauf si nos parents connaissent quelqu'un de bien placé. En fait, nous sommes coincés. D'un côté, le chômage, qui culmine pour près d'un jeune sur quatre, soit le plus fort taux d'Europe. De l'autre, des salaires plancher alors que nos aînés se sont sacrifiés pour nous offrir des cours particuliers et une meilleure vie que la leur. En France, vous parlez de 'génération précaire', en Espagne, ce sont les *'mileuristas'*, et en Allemagne, la *'Generation Praktikum'*. Chez nous, c'est la 'génération 700' parce que le salaire mensuel de la moitié des Grecs de moins de 30 ans ne dépasse pas 700 euros !

Une jeune femme en survêtement gris, jouissant apparemment d'une certaine autorité sur ses amis, s'approcha de Théo pour les disperser. Elle les interrompit.

– Arrêtez ! Il a déjà été quasiment assommé. Ce n'est peut-être pas la peine de recommencer avec vos complaintes politiques. Basta.

Puis elle retira son passe-montagne qui libéra une longue chevelure noire aux extrémités bouclées comme un mouton. Ses yeux évoquaient la transparence de la mer : ils étaient irisés de quelques touches de miel. Elle ouvrit lentement une petite bouche aux dents bien serrées, cernée de fossettes asymétriques, et lui dit avec douceur pour ne pas ajouter à son traumatisme.

– Bonjour. Tu nous as fait peur ! C'était très courageux mais totalement irresponsable de te manifester auprès de ces 'skinheads' pour défendre ce migrant. Tu as eu de la chance qu'on ne soit pas loin. On t'a vu depuis la boutique où nous nous étions réfugiés après quelques échanges fermes avec des fachos, de l'autre côté du Poly'. Beaucoup d'étudiants sont présents dans les environs depuis dimanche. C'est comme une petite guerre. Des gaz partout, des cocktails Molotov, des charges de police. Heureusement qu'on a pu te sortir de là. Moi, je m'appelle Odysséa. Et toi, qui es-tu et de quelle planète viens-tu pour te jeter innocemment dans ce bordel ?

Subjugué par les yeux et la voix chaude d'Odysséa, Théo mit à profit sa faiblesse et son teint verdâtre pour se donner le temps de peaufiner une réponse. En se noyant dans son regard, il répondit par petites phrases.

– J'habite à Paris. Mon père est Grec et ma mère française. J'étudie l'architecture. Je m'appelle Théophraste Panantolis... Je ne sais comment vous remercier tous pour ce sauvetage inespéré. Sans vous, j'aurais salement morflé, d'autant qu'à Paris, on est moins entraîné pour faire face à ce genre de situation, se justifia-t-il.

– Quand on fait du tourisme, on n'est pas obligé de mettre le pied dans la fourmilière, se moqua-t-elle gentiment. Quand tu auras un peu récupéré, tu nous en diras davantage mais je te vois mal retourner dans cet état dans ton hôtel. On va plutôt t'emmener en lieu sûr.

Ayant vérifié que la voie était libre, le petit groupe entraîna Théo vers la Plateia Exarhion, puis s'engagea dans Themistokleous jusqu'à croiser l'avenue Akadimias dont la largeur leur permettait d'espérer ne pas se faire surprendre ni tomber dans une embuscade. Ils arrivèrent finalement sans encombre à Zoodohou Pigis où se dressait l'église du même nom.

Odysséa prit congé de son équipe et fit entrer son protégé par le côté de ce qui semblait être le presbytère. Un temps surpris, Théo se laissa entraîner dans un appartement qu'il imagina être celui du pope. Elle l'invita à s'allonger sur un canapé, à absorber les cachets qu'elle lui prépara et à se reposer sans bouger jusqu'à son retour.

Chapitre XXIII

Théo n'aurait pas su dire combien de temps il était resté endormi. De toute façon, il avait perdu sa montre dans la bagarre. À son réveil, il constata qu'il faisait sombre, presque nuit et découvrit Odysséa, assise sur une chaise, près de la tête de lit.

– Tu as rêvé, peut-être cauchemardé, et continué à te battre... contre des moulins. Un vrai Don Quichotte ? lui glissa-t-elle d'une voix douce.

Il plongea dans ses yeux et, comme saisi par un sentiment d'urgence, il se redressa pour l'embrasser, avec fougue mais prudence, sur les deux joues.

– Je vois que tu as repris des forces, convint-elle, sans manifester ouvertement de recul ou toute autre forme de protestation. Sache que tu es ici en sécurité dans la résidence de mon père.

– Tu serais donc la fille d'un pope, demanda Théo, sans cacher son amusement devant cette situation inattendue.

– Ici, on ne dit pas 'pope'. Ce mot, qui est souvent prononcé d'une manière péjorative, désigne un prêtre de l'Église orthodoxe slave. Nous ne l'employons pas pour désigner des prêtres grecs.

– Ils peuvent donc se marier et avoir des enfants ? s'étonna-t-il.

– Oui, mais seulement si c'est avant d'être ordonné prêtre. Du coup, pour faire vivre leur famille, les prêtres orthodoxes ont souvent un travail professionnel, mais seuls ceux qui sont restés célibataires peuvent devenir évêques.

– Donc ton père n'est pas évêque, résuma Théo. Mais il est fonctionnaire ?

– Exact. Depuis 1833, l'Église orthodoxe a intégré l'appareil d'État, tout en s'efforçant de préserver son autonomie. Les membres du clergé ont aujourd'hui le statut de fonctionnaires et ses quelque 9 000 popes et 80 évêques sont payés par l'État. En

Grèce, tu rencontreras des prêtres orthodoxes partout… inaugurant des écoles, fêtant des victoires sportives, participant aux manifestations, trinquant au bistrot avec leurs ouailles à l'heure de l'ouzo, aidant les sans-abris, et même invités à commenter le Journal télévisé.

– Ont-ils une influence politique ?

– La religion orthodoxe est inscrite dans la Constitution grecque de 1975 comme 'la religion dominante', ce qui rend la situation complexe. Bien qu'autonome, l'Église n'est toujours pas séparée de l'État qui tente par toutes petites touches de réduire son patrimoine et son statut doré.

– Je crois qu'en France les religions sont rattachées au ministre de l'Intérieur, se risqua Théo.

– Et bien, chez nous, elle dépend du ministère de l'Éducation nationale et des Cultes et l'archevêque orthodoxe d'Athènes et de toute la Grèce est, aux yeux des pouvoirs publics, un interlocuteur officiel.

– C'est celui qu'on voit à la télé lorsque le nouveau Premier ministre grec vient prêter serment sur une Bible dorée ?

– Je vois que tu reprends du poil de la bête, lui répondit-elle. Les Grecs, dans leur quasi-totalité, se déclarent chrétiens orthodoxes. Cela explique que l'État puisse, à juste titre me semble-t-il, redouter les réactions de l'Église, car celle-ci fut une puissante composante politique dans l'histoire de notre pays. Cependant, elle ne gagne pas à tous les coups. Ainsi, par exemple, en 2000, elle s'est vainement révoltée contre le gouvernement qui voulait supprimer la mention de la 'religion' sur la carte d'identité grecque. Plus récemment encore, elle s'est insurgée contre la décision du gouvernement d'assouplir l'enseignement de la religion orthodoxe dans le primaire et le secondaire.

– Et que dit-on ici des quelques évêques au train de vie de ministre ou des magnifiques propriétés de l'Église exonérées d'impôts…

– …tu ne crois pas que cela compense bien les millions dépensés et les heures passées au chevet d'une Grèce en crise, défendit-elle avec ferveur. Et quand tu rencontreras mon père tout à l'heure, tu constateras que, bien qu'il colle parfaitement aux traditionnelles longues barbes et soutanes noires, il a un esprit très ouvert, une capacité d'autocritique et d'autodérision qui lui permettent même d'accepter sans rechigner l'engagement politique et les frasques de sa fille... Dans la limite du raisonnable, bien sûr. Te voilà prévenu ! Et toi, tu ne me parais pas être un touriste ordinaire. Que viens-tu foutre dans ce bourbier ?

— C'est une longue histoire mais peut-être accepteras-tu de m'aider à y voir plus clair. Mon grand-père, Kostas, résistant et communiste grec, héros de Gorgopotamos, est mort à Paris le 17 novembre dernier.

— Je suis désolée... répondit-elle avec sollicitude avant d'ajouter : Le 17 novembre ! Ce n'est pas n'importe quel jour pour un Grec ! Devant l'air ahuri de Théo, elle précisa : c'est le jour anniversaire de la révolte des étudiants de l'Université Polytechnique Nationale d'Athènes en 1973, un événement qui a marqué le commencement de la fin des colonels et que nous célébrons chaque année...

Comme saisi par une illumination, Théo explosa, se frappant le front façon 'Euréka, j'ai trouvé !'.

— Mon Dieu, mais c'est évident ! Qu'on est con ! Mais qu'est-ce qu'on est con !

— J'ai dit quelque chose qu'il ne fallait pas ? Tu veux bien m'expliquer, lui suggéra doucement Odysséa, inquiète de le voir ainsi affecté et se demandant si ce n'était pas le contrecoup de la raclée qu'il avait reçu peu de temps auparavant.

— Aucun de nous n'a relevé cette superbe coïncidence... s'étonna Théo à voix haute. Je suis ici pour essayer de comprendre comment mon grand-père est mort le 17 novembre dernier et tu viens de m'ouvrir des horizons auxquels personne dans mon entourage n'a songé, ni mon père, ni ses amis, aussi férus de l'histoire de la Grèce soient-ils. Même si cela n'exclut pas pour autant la possibilité d'un assassinat politique, qu'il vienne de droite ou de gauche, cela m'oblige d'admettre comme possible l'hypothèse d'un suicide, alors que j'étais parti bille en tête pour tenter de démasquer son assassin et que, becs et ongles prêts à griffer, j'ai réfuté toute autre hypothèse.

Il devint intarissable, racontant tout ce qu'il avait imaginé au fur et à mesure de ses découvertes de l'histoire grecque contemporaine et de ses sinistres soubresauts. Il lui fallait bien se rendre à l'évidence : son hypothèse de départ l'avait enfermé, limitant son imaginaire à des tueurs en quête de vengeance émanant alternativement des services secrets britanniques, de non-signataires de la 'déclaration de repentir', de staliniens, de sympathisants des colonels et pourquoi pas aujourd'hui, de l'extrême droite grecque. D'ailleurs, sa paranoïa naissante ne l'avait-elle pas un instant incité à interpréter sa récente agression comme un acte télécommandé. Théo n'épargna aucun détail à Odysséa. Encore lui restait-il à creuser l'abcès ouvert par sa tante Erina, et partir à la découverte des méchants cousins des îles.

– Tu as encore du pain sur la planche, mais tu approches peut-être du bout de ta quête, convint Odysséa, encourageante. Maintenant, tu as les yeux grands ouverts et tu n'es plus seul. La 'fille du Pope' ne te quittera plus, lui précisa-t-elle, avec une tape sur l'épaule qui lui arracha un gémissement qu'il n'hésita pas, sournoisement, à amplifier. Oups ! Compatit-elle. Puis elle poursuivit. Ce soir, on demandera à papa de farfouiller dans les actes de naissance, mariages, divorces et décès pour retrouver les traces du cousin Stavros et du tonton Zacharias, car ici rien n'échappe à l'Église, dit-elle sur un ton menaçant. Et, si tu veux bien, demain, je t'emmène sur mon beau scooter à la rencontre de cette chère Aspasia. Mais je crois que papa est arrivé. Si tu as retrouvé assez de forces, viens avec moi, je vais te le présenter.

Le père Konstantinos était conforme au portrait qu'en avait brossé sa fille : une soutane noire pour envelopper au sens complet du terme ce bonhomme doté d'une certaine surcharge pondérale. En prime, il arborait fièrement une imposante barbe poivre et sel ainsi qu'un catogan. Avec ses yeux noirs saupoudrés comme ceux de sa fille de quelques éclats de miel, il donnait l'impression de dégager une empathie carnivore. De sa bouche gourmande, il prononçait lentement ses phrases qu'il laissait s'achever sur un léger fléchissement musical, comme s'il psalmodiait. Ses échanges avec sa fille s'achevaient souvent par de grands éclats de rire ou dans le pire des cas avec un triste sourire d'excuse, empreint de bienveillance. Ainsi, après les présentations, il avoua à Théo sur le ton de la confession.

– Ma grand-mère était communiste ! Tu peux imaginer sa mine déconfite et sa colère à peine rentrée quand elle a observé, impuissante, l'irrésistible attirance qu'éprouvait son petit-fils pour les fastes et la solennité de l'Église orthodoxe. Elle a évidemment commencé par me faire la guerre. Puis, en bonne stratège, elle m'a finalement proposé un compromis : "*Pope, d'accord, mais pas moine ! Au moins, tu pourras créer une famille*". J'ai alors obéi, quitté le monastère pour m'inscrire à l'université. Ensuite, j'ai respecté en tout point son testament par lequel elle me léguait sa maison… à condition que je ne la transforme ni en église ni en monastère. Je suis donc devenu un petit pope, sans la moindre envie de grimper dans la hiérarchie car il aurait fallu pour cela faire ou accepter des choses qui ne me plaisaient pas.

Refusant d'en dire davantage, il se contenta d'ajouter qu'un petit-fils de communiste ne pouvait pas devenir prince à l'instar de certains de nos évêques, avait-il semblé déplorer.

– Comment l'Église a-t-elle réagi durant les crises qui ont marqué la Grèce ce dernier demi-siècle, demanda Théo, avec curiosité, espérant amener le père Konstantinos a lui parlé des guerres civiles et des colonels.

– Je suis sûr qu'Odysséa t'a déjà brossé un panorama sans fioritures de nos relations particulières avec l'État. D'une façon ou d'une autre, l'Église orthodoxe a suivi les grands évènements qui ont marqué la vie publique en Grèce. Elle ne s'est pas toujours tenue à l'écart des débats et autres jeux politiques, mais le plus souvent en préférant se ranger du côté des partis conservateurs, voire des partis de droite et d'extrême droite. Elle a même été jusqu'à cautionner idéologiquement le camp des vainqueurs de la guerre civile qui suivit la deuxième guerre mondiale ainsi que l'État policier et autoritaire qui fut instauré ensuite. Elle a même fait office d'alibi idéologique au régime des colonels dont elle est sortie avec un épiscopat cassé en deux : un camp qui avait ouvertement collaboré avec eux jusqu'en novembre 1973, et un autre, plus réservé. Ces deux camps regroupaient la quasi-totalité des évêques grecs dont aucun, hélas, n'a résisté activement au régime de violence et de tyrannie infligé pendant sept années au peuple grec. Depuis toujours, cette église orthodoxe grecque fait preuve d'une grande capacité d'accommodation avec le pouvoir politique en place, allant même parfois jusqu'à trouver un langage commun avec les partis de la gauche sur des questions dites 'nationales' ou des politiques pro populaires. Mais elle s'est arcboutée contre tout changement au niveau 'culturel' comme au niveau symbolique : droits de minorités religieuses, ethniques ou sociales, place de la femme, question de l'immigration, ouverture à l'Europe, mondialisation, etc.

– Au fond, pendant ces longs siècles de collaboration ou de cohabitation avec le pouvoir 'chrétien' ou musulman, l'Église orthodoxe a appris par la force des choses à se sentir en sécurité lorsqu'elle était aux côtés du système politique établi, voire, mieux encore, lorsqu'elle faisait partie du système, se risqua à résumer Théo.

– C'est là une bonne synthèse, mais je suppose que tu n'es pas venu ici pour te convertir aux bienfaits de la religion orthodoxe ni pour suivre un cours de sciences politiques et théologiques. Il y a bien d'autres choses qui mériteraient ton intérêt. Viens voir la face cachée de l'iceberg, proposa-t-il en recouvrant paternellement de ses bras les épaules de Théo et Odysséa, pour les entraîner vers le sous-sol.

Il y avait là une grande salle qui devait servir au catéchisme du dimanche, puis un petit bureau débordant de paperasses et de piles de vêtements issus d'une collecte locale. De là, on passait à une immense cuisine bondée. Après s'être acquitté d'une récitation mécanique de prières et force signes de croix, des femmes et des hommes attendaient qu'on leur distribue des boîtes de nourriture offertes par des commerçants et des restaurants locaux, ainsi que des portions de spaghettis préparées par des bénévoles aux cheveux blancs. Théo reconnut même quelques membres du commando d'Odysséa qui n'avaient pas hésité à troquer le blouson de cuir pour le tablier et s'activaient dans cette ruche.

– Nous soutenons financièrement les familles les plus démunies à qui nous fournissons des vêtements et auxquels nous prodiguons une assistance morale et des soins de santé. Il ne faut pas s'arrêter aux critiques médiatiques sur les exonérations d'impôts et les frasques de certains, comportements que je n'hésite naturellement pas à fustiger, souligna fermement Konstantinos.

Tandis qu'ils retournaient tous les trois au bureau, un homme se précipita vers eux et s'empressa de baiser l'anneau du pope.

Sous une pile de dossiers, celui-ci dénicha un ordinateur portable. Et, un miracle sans doute, il parvint même à découvrir des verres et une bouteille d'Ouzo.

– Odysséa m'a fait un bref résumé de ta démarche qui m'inspire beaucoup de respect… Te voilà en immersion rapide dans les pires années qu'ont connues les Grecs. Il faut un cœur solidement accroché pour encaisser toutes ces histoires… dit-il à Théo en le regardant droit dans les yeux.

Puis, il retourna à son clavier, lançant quelques recherches sous le regard mi- inquiet, mi- amusé de Théo, qui se demandait quel lapin allait sortir du chapeau du pope. Celui-ci s'interrompit à nouveau, comme réfléchissant à voix haute.

– Je n'ai aucun mal à imaginer ce que fut la vie de ton grand-père à Tachkent : voir tant d'idéaux remis en cause par la doctrine, le politiquement correct et les événements, il y a de quoi perdre la foi et renier ce à quoi on a cru pendant des décennies. Les goulags m'avaient fait entrevoir la malfaisance du stalinisme mais quand j'ai compris que l'Occident n'allait pas intervenir lors du soulèvement de Budapest, j'ai, comme tant d'autres, réalisé ce qui était arrivé, l'acceptation irréversible de Yalta et des 'sphères d'influence'. Je l'ai vécu directement lorsqu'en 1989, avec la Perestroïka, un de mes oncles a lui aussi perdu pied, allant jusqu'à tenter de se suicider par dépit. Et quand, quelques années plus tard, le mur de Berlin est tombé, alors âgé de 70 ans, il a récidivé… mais cette fois-là, il ne s'est pas raté ! acheva-t-il en recommençant à pianoter sur son ordinateur.

Ayant récolté quelques nouvelles informations, Konstantinos, joignant les mains comme pour une prière, s'adressa à Théo aux aguets.

– Nous sommes le fruit de nos blessures et de nos pulsions qu'il nous faut savoir canaliser. Mais le père que je suis ne peut s'empêcher également de ressentir quelques inquiétudes avec ce que j'ai découvert ici. D'après ces premiers résultats encore partiels, le cousin Stavros n'a pas varié d'un poil dans ses certitudes : d'abord enrôlé dans l'ersatz des jeunesses hitlériennes, il fut un milicien appliqué de l'EDES ce qui lui valut d'être promu cadre des Bataillons de sécurité, puis de décrocher un bel emploi dans la police jusqu'à l'arrivée des colonels ; il a alors été envoyé à Yaros avec la lourde charge de dynamiser les 'repentirs' des prisonniers. Très officiellement, cela aurait marqué la fin de son parcours car, vengeance de ses victimes ou règlements de comptes de collègues jaloux, on l'aurait repêché les tripes à l'air dans la baie : le pauvre n'aurait même pas eu le temps de préparer son entrée chez Thanatos. Bien que très miséricordieux, Jésus n'a, en principe, pas prévu la résurrection de ces mécréants-là. Je t'avoue cependant être très réservé quant à cette interprétation. Et si Stavros est encore de ce monde et en Grèce, Dieu seul sait où se cache cette âme perdue, trancha-t-il.

Conforté dans son hypothèse selon laquelle le cousin Stavros ne serait pas mort, Théo voulut s'en assurer.

– Un doute subsisterait donc quant à sa survie, observa-t-il tout haut, partagé entre joie et frustration devant une telle nouvelle. Se pourrait-il qu'un faux certificat militaire attestant de son décès ait été émis ? En principe, un document de décès fait foi, non ?

– Tout est possible en Grèce... admit le pope, avec un brin de désespoir dans la voix avant de relancer de nouvelles recherches.

Mi-figue, mi-raisin, après cette révélation qui laissait le champ des possibles ouvert, Théo focalisait son regard sur le visage et les doigts de Konstantinos avant de chercher périodiquement un soutien auprès des yeux apaisants d'Odysséa. Il était tellement tendu qu'il en oubliait par moment de respirer avant d'amorcer une longue quinte de toux.

– L'oncle Zacharias ne paraît pas valoir davantage, mais lui, il ne se salit jamais les mains, observa le pope. Il gère ses réseaux, il marchande ses influences, il se fait un maximum de fric. Tout est bon pour ton Zak ! Curieusement, je ne trouve rien sur lui avant les colonels, pas même un bulletin de naissance, mais, en tout cas, selon les réponses que je viens de recevoir à mes mails, ces derniers temps, il serait mêlé à diverses magouilles à propos de terrains appartenant à l'Église…

– Putain, c'est mieux que les services secrets votre truc ! exulta Théo, se mordant ensuite la lèvre pour marquer un brin de confusion à retardement après cet écart de langage.

Tandis qu'Odysséa ne masquait pas son amusement, son père, imperturbable, poursuivait ses révélations à partir des éléments collectés sur son ordinateur.

– Peu après leur mariage et sans lui avoir fait d'enfant, ta tante Aspasia a préféré le quitter pour rentrer à Athènes. Elle te racontera peut-être cela, si tu la trouves, demain. En revanche, si tu veux essayer de rencontrer son ex, je te préviens que ce n'est pas sans risque… même à son âge. Si certains prétendent qu'il se serait rangé, il serait bien protégé, et serait calfeutré près du monastère Ag Ioannou Detis, à Paros. D'autres l'auraient vu lors de fêtes dans l'une des maisons de luxe d'un lotissement à Antiparos. Ce qui n'est pas contradictoire vu la proximité des deux îles. Enfin, bien que je n'ai procédé qu'à une recherche très sommaire, il n'y a aucune trace de lui à Amorgos où on t'a dit qu'il aurait sévi du temps des colonels.

Konstantinos marqua ensuite une pause, délaissant l'ordinateur pour interpréter ses découvertes récentes.

– A ta place, je commencerais par Paros, une des îles les plus grandes et les plus développées des Cyclades, notamment sur le plan touristique, contrairement à Amorgos qui, comme d'autres îles, ne fut électrifiée que dans les années 1980 parce que les gouvernements post guerres civiles se sont refusés à en améliorer les infrastructures portuaires et routières afin de se conserver des lieux d'exil encore suffisamment coupés du monde. Où que tu ailles, il te faudra faire preuve de patience et de doigté dans tes recherches car, s'il a trempé dans la mort de ton grand-père, Zacharias n'est surement pas prêt à se confesser à toi, en supposant que tu le trouves.

— Merci beaucoup de ces précieuses pistes de recherche. Demain, après avoir tenté de retrouver Aspasia le matin, j'envisage d'aller faire un tour au quotidien communiste, *Rizospastis*. Qu'en pensez-vous, vous qui avez approché ces milieux, demanda Théo, avançant sur des œufs.

— Bonne idée ! Tu demanderas à voir Patrikios auprès de qui je vais te recommander, sinon tu n'auras droit qu'à un festival de langues de bois.

— Et si je t'accompagnais dans tes diverses recherches, proposa ingénument Odysséa, sous le regard attendri de son père, surpris de cet intérêt soudain.

— Je suis très tenté par ta généreuse proposition, mais je me dois d'y résister, non seulement pour ne pas t'embarquer dans cette enquête qui peut s'avérer risquée, comme l'a souligné ton père, mais aussi parce qu'il s'agit sans doute pour moi d'une sorte de quête initiatique dans la recherche de mes racines que je dois sans doute poursuivre seul.

— Côté danger, il me semble que tu as testé et bénéficié personnellement de ce dont je suis capable, lui rétorqua-t-elle, se mettant en position de combattante Ninja, sous l'œil complice et amusé du son père.

— Je suis impressionné, confessa Théo. En revanche, je serai très honoré que tu m'accompagnes auprès d'Aspasia - peut-être que la présence d'une femme adoucira la rencontre – et auprès de Patrikios. Par ailleurs, pendant que je serai à Paros, tu pourrais être mon agent de liaison pour investiguer ou vérifier certaines informations. Et puis, je te laisserai les coordonnées de Yannick, mon parrain et néanmoins commissaire de police, pour que tu puisses l'alerter si tu restais plus de vingt-quatre heures sans le moindre signe de vie de ma part. En prime, s'il juge utile de voler à mon secours, tu auras le plaisir de l'accueillir. Crois-moi, il vaut le détour !

– Tu peux compter sur moi, répondit-elle. Si ça barde, on débarque avec papa et ton parrain. En attendant, si tu veux faire un Skype à ton Yannick pour lui faire part de tes découvertes, lève-toi et viens dans ma chambre, conclut-elle en le tirant par la main.

Ayant pris congé du père Konstantinos, il suivit docilement Odysséa.

Chapitre XXIV

Théo n'eut guère le loisir d'explorer les photos et autres affiches qui illustraient les murs de la chambre d'Odysséa, car elle avait déjà branché son ordinateur et ouvert l'application Skype. Il ne lui restait qu'à établir la connexion avec Yannick.

– Salut, parrain. Tu m'entends ? Tu as certainement mené ta petite enquête et donc tu sais où je suis…

– Salut Théo, je t'entends mais je ne te vois pas. Appuie sur la touche vidéo de ton Skype, lui répondit Le Clech.

Après une brève attente, il exulta…

– Ça y est ! C'est bon. Je te vois. Ton père est inquiet et tu devrais l'appeler plutôt que moi qui te suis à la trace de compagnies aériennes en hôtels plus ou moins borgnes. C'était bien Moscou ? Et Tachkent ? As-tu découvert quelque chose ? Maintenant, te voilà à Athènes. À l'occasion de cette traque amicale, j'ai même retrouvé un vieux copain dont j'avais fait la connaissance lors d'un stage à Interpol, il y a une quinzaine d'années, et dont je n'avais plus aucune nouvelle.

– Ce ne serait pas le commissaire Markaris ? plaisanta Théo avec un clin d'œil complice vers Odysséa. Comment s'appelle-t-il ?

– Un peu de respect, s'il te plait. Il s'agit de Nikos Serafidis.

– Décidément, la Grèce est bien trop petite… C'est le cousin de papa ! précisa, joyeuse, Odysséa.

– Tant mieux. Rien à voir avec ton grincheux d'inspecteur de polar grec, crois-moi. Il occupe aujourd'hui un poste élevé à la Direction de la police, avenue Alexandras, souligna Yannick, avant d'ajouter faussement vexé, et il pourrait bien venir te botter les fesses, si je lui demande. Mais d'abord, dis-moi qui se cache derrière ton dos ?

– C'est Odysséa, mon ange gardien, s'empressa-t-il de confesser, orientant l'ordinateur pour que son parrain puisse la voir.

Surprise, d'abord rougissante, elle se fendit d'un large sourire tandis que Théo commentait.

– Avec sa bande de combattants, elle m'a sauvé cet après-midi en m'exfiltrant des griffes des fachos. Je ne la quitte plus. Elle veut bien m'accompagner demain pour mes deux prochaines rencontres, même si elles devraient être plus pacifiques, du moins je l'espère.

– Avec de tels yeux bleus, elle n'aurait pas un peu de sang breton dans les veines ? plaisanta Yannick.

– Méfie-toi, les Grecs sont encore plus chauvins que nous ! En plus, elle comprend tout ce que tu dis car elle a appris le français et le parle mieux que toi qui bredouille quelques mots de breton, rétorqua Théo.

– Balivernes. Tu m'as l'air déjà bien accroché pour la défendre ainsi. Revenons à nos affaires. Qu'as-tu découvert qui me vaille la chance de t'entendre ? reprit Yannick.

– Pour Moscou et Tachkent, rien d'essentiel. Mais ici à Athènes, grâce à Odysséa, une information dont je ne mesure pas encore toute l'importance mais qui risque bien de modifier notre vision des circonstances de la mort de Kostas. Tu te souviens qu'il est mort le 17 novembre ?

– Comment pourrais-je l'oublier. Mais que veux-tu dire ?

– Il se trouve que le 17 novembre est une date très importante pour les Grecs puisqu'il s'agit du jour anniversaire, célébré chaque année, de la révolte des étudiants de l'Université Polytechnique Nationale d'Athènes en 1973. C'est ce soulèvement qui a marqué le commencement de la fin des colonels... Alors, cette date n'est sans doute pas anodine dans le contexte d'un assassinat politique, qu'il trouve son origine à droite ou à gauche. Elle n'est pas anodine non plus lorsqu'on imagine que Kostas a pu la choisir pour mettre fin à ses jours. Cette hypothèse peut ainsi retrouver un tout petit peu de crédit à mes yeux et bousculer mes convictions premières, dut convenir Théo, un peu honteux.

– Intéressant... Intéressant ! Et qu'as-tu appris d'autre ?

– Le cousin Stavros ne serait peut-être pas mort. Demain, j'espère rencontrer la jumelle de papa, et peut-être en savoir plus, en particulier sur son ex-mari qui se cacherait quelque part dans les Cyclades où je compte me rendre dans les prochains jours. J'ai demandé à Odysséa et à son père de t'appeler s'ils étaient sans nouvelle de moi pendant 24 heures, pour que tu puisses prendre les mesures nécessaires.

– Tu imagines bien que je ne peux pas demander à Nikos d'enquêter officiellement sur nos deux suspects, mais je vais le tenir au courant pour le cas où. En même temps, j'ai du mal à imaginer l'allure qu'aurait une escouade constituée d'une amazone, d'un prêtre et de deux policiers pour venir te sauver ! Ça fait un peu 'les tontons flingueurs' de Georges Lautner, non ?

Devant l'absence de réaction de Théo, son parrain expliqua en bougonnant :

– C'est un film de mon époque qui ne te dit vraisemblablement rien… Bref, si nous n'avons rien de plus à nous dire, il me reste à vous souhaiter une bonne nuit. Soyez prudents et tenez-moi au courant de vos découvertes, conclut-il avec un regard protecteur vers Théo et son bel ange gardien.

Chapitre XXV

Jeudi 11 décembre 2008

Le lendemain, Théo n'eut pas besoin de prétextes supplémentaires pour se coller langoureusement contre Odysséa tandis qu'elle faufilait son scooter dans les entrelacs de la circulation athénienne. D'abord à demi rassuré, il s'était peu à peu convaincu des compétences de la conductrice qui, tout en slalomant entre les nids-de-poule et les piétons aventureux, invectivait les chauffards qu'elle avait su éviter de justesse. Sur les doigts de la main droite, Théo avait additionné deux taxis et un autobus, et sur ceux de la main gauche, trois motos et une famille agglomérée autour d'une poussette d'enfant au milieu d'un carrefour.

Arrivés sur la rue Stratonos Thrasyllou qui longe le site de l'Acropole, Odysséa repéra sans difficulté la camionnette de la tante Aspasia et gara son scooter à proximité. Deux Albanais en déchargeaient avec précaution une lourde fontaine d'Aphrodite, sous l'œil sévère d'une petite femme, un peu boulotte, toute de noir vêtue, qui les houspillait avec méthode. Elle s'interrompit tout à coup pour fixer attentivement Théo, puis, avant même qu'il ait pu ouvrir la bouche, elle écarta les bras pour l'enserrer chaleureusement.

– C'est mon jour de chance avec un doublé gagnant. J'aurais dû prendre un billet de loterie. D'abord ton père qui a pris sur lui de descendre de l'Olympe pour me téléphoner après trente ans de mutisme et m'annoncer ta présence à Athènes. Et puis, toi, ici et maintenant. Il n'avait pas besoin de m'envoyer une photo par mail car je t'aurais reconnu au milieu d'une foule… d'Africains, lui dit-elle en anglais, libérant un long rire en cascade.

– Vous vous êtes parlé ! C'est un événement digne de la 'une' de *Paris Match*, car il a prétendu que vous étiez fâchés et que vous n'aviez plus aucun contact, s'étonna Théo.

— C'est un cas de force majeure. Ton escapade lui aura au moins permis de reprendre le dialogue avec sa jumelle, savoura-t-elle.

Puis, inquisitrice, elle tenta de percer le secret :

— Et te voilà en compagnie de ta fiancée ?

— Décidément, les nouvelles vont vite ! Beaucoup plus vite que la réalité, ajouta Théo en son for intérieur. Je te présente Odysséa... qui a eu l'imprudence de me sauver la vie et que je colle désormais comme le sparadrap du capitaine Haddock.

— Et bien, je suis heureuse de te rencontrer sur un registre moins tragique que ce que ton père m'a laissé entendre. Il m'a fait part de son inquiétude à ton sujet et aimerait bien avoir de tes nouvelles, soit dit en passant.

Puis, ne voulant pas avoir l'air de se mêler de ce qui ne la regardait pas, elle se tourna pudiquement pour rabrouer ses aides.

— Allez, on ne traine pas ! Finissez de décharger les cartons et faites-moi signe quand vous aurez terminé. Je serai chez 'Angelopoulos' avec mon neveu et sa petite amie.

Et se tournant vers Théo et Odysséa, elle les entraîna vers un café proche.

— Toi, raconte-moi d'abord qu'est-ce qui t'amène dans cette galère ?

— J'imagine que papa t'a aussi fait part de la mort tragique de Kostas.

— Oui, mais seulement hier soir, lors de son appel.

— Contrairement à lui qui épouse toujours les thèses officielles et accepte donc celle d'une mort accidentelle, j'ai soutenu qu'il s'agissait d'une vengeance politique et/ou familiale. Dans ce cadre-là, j'ai en bonne place sur ma liste de suspects ton ex-mari Zacharias et, bien sûr, le cousin Stavros. Que peux-tu me dire à leurs sujets qui me permette d'aller leur tirer les vers du nez ?

— Mon pauvre Théo, te voilà embarqué dans une quête douloureuse et dangereuse. Et ce n'est pas ça qui fera revenir ton grand-père ! Je pense que l'option défendue par Yorgos est la seule raisonnable. En supposant que l'un ou l'autre ait trempé là-dedans, ne va pas t'imaginer qu'ils t'attendent pour t'avouer leur crime !

– Peut-être... Mais peut-être aussi que je trouverai chez eux une preuve ou un début d'explication à la mort de Kostas, comme un objet auquel il était très attaché et qui a disparu. Sa découverte signerait la culpabilité de celui qui le détient.

– De quoi s'agissait-il ?

– Permets-moi de ne pas te le dire, car tu pourrais le révéler par inadvertance, s'excusa Théo. Parle-moi plutôt de Zacharias.

– Notre différence d'âge n'a pas constitué une barrière, au moins au début pendant les premiers mois qui suivirent notre coup de foudre réciproque. Ce fut un amoureux merveilleux, raconta Aspasia, sans fausse pudeur. Il était fou comme seuls savent l'être les Grecs. Tu ne le sais peut-être pas encore mais ils aiment danser, chanter, se saouler... Ils peuvent être doux comme le miel mais aussi violent et d'une cruauté et d'une brutalité extrêmes, comme tu peux l'imaginer depuis que tu t'intéresses à nos guerres fratricides. Et ce sont les mêmes qui vouent une dévotion totale à leur mère et battent leur femme ou la traitent comme une servante. Tout cela serait véhiculé dans le sang de nos ancêtres qui coule en nous, acheva-t-elle, reprenant sa respiration. Quant aux affaires de Zak, elles étaient à l'image de sa vie familiale : une improvisation permanente bercée par la séduction, la recherche du pouvoir et de l'argent, à l'abri de tout scrupule. Il n'obéissait à la loi que quand il n'avait pas le choix, sans doute encore aujourd'hui. J'ai assez vite déchanté, et mon admiration pour cette force de la nature s'est vite transformée en une indicible crainte face à des réactions de plus en plus violentes. Tu te doutes bien que je ne pouvais pas me vanter de cette situation ni à Kostas, ni à Yorgos. Aussi ai-je profité de la pagaille qui a régné lors de la chute des colonels dont il était proche, pour m'éclipser. Quelque part, cela a dû sonner pour lui comme une libération car il ne m'a même pas fait rechercher tandis que lui-même prenait le large peu de temps après.

– Sais-tu où il vit aujourd'hui ? espéra Théo.

– Pourquoi le suspectes-tu ? tergiversa Aspasia. Pourquoi en aurait-il voulu à Kostas ?

– Tout les opposait : la politique d'abord, bien sûr vu l'engagement de Kostas, mais aussi ce mariage soudain sans son consentement et le jugement moral que grand-père portait sur ses trafics. Mais tu sembles encore le protéger. Par crainte de ses réactions ou un relent d'amour ?

– Ni l'un, ni l'autre. Le connaissant comme je le connais, j'ai du mal à imaginer qu'il ait un mobile suffisant pour tuer ou faire tuer près de quarante ans plus tard son beau-père, un vieillard inoffensif vivant à quelque 3 000 kilomètres de lui.

– As-tu une photo de lui ? espéra-t-il.

Devant sa négation, Théo renouvela sa question.

– Sais-tu où il vit aujourd'hui ?

– Les avis divergent mais tu pourrais, me semble-t-il, limiter tes recherches à deux ou trois îles des Cyclades : Paros, Folégandros ou peut-être Amorgos. Et sois prudent. Certes, s'il est encore vivant, il doit aller sur ses 87 ans. On dit qu'il se serait constitué, au fil des trahisons, un réseau de fidèles qui le servent et le vénèrent comme leur gourou. Tu ferais mieux de l'ignorer et de concentrer tes recherches du côté du cousin Stavros, suggéra-t-elle. Tiens-moi au courant de tes avancées et fais-moi signe quand tu repasseras par Athènes, conclut-elle en embrassant chaleureusement Théo puis Odysséa, avant de retourner vers sa camionnette.

– Un peu ficelle, ta tante qui semble craindre davantage Zak que Stavros, commenta Odysséa. Il ne te reste plus qu'à aller fouiller du côté des Cyclades. En attendant, rendons visite au copain de papa, à *Rizospastis*. Après, il sera l'heure de faire la tournée des grands ducs à Kolonaki afin d'arroser, comme il se doit, notre rencontre.

– Kolonaki. J'ai lu dans un bouquin que ce nom avait été donné à cette place en raison de la forme de bidet de ce quartier, l'un des plus chics de la capitale. Mais ce n'est pas un coin pour une frondeuse comme toi, ironisa Théo.

– Tu as lu çà dans 'Athènes pour les nuls' ? En vérité, mossieu je-sais-tout, Kolonaki doit son nom à la colonne qui est dressée sur la Plateia Kolonakiou. En route, ignare, dit-elle en enfourchant son scooter.

Chapitre XXVI

Le quotidien communiste *Rizospastis* était situé au 145 de Léoforos Irakliou, à Néa Ionia. Il ne fallut pas longtemps à Théo et Aspasia pour s'y rendre. L'immeuble majestueux qui abritait le KKE ressemblait à n'importe quel immeuble de bureaux d'une banque ou d'une multinationale. Il était ceint de murs rideaux aux fenêtres teintées et d'un soubassement hérissé de barreaux verticaux blancs, très rapprochés les uns des autres.

Ayant demandé à l'accueil à voir Patrikios, celui-ci leur fit répondre de l'attendre chez 'Loukidelis', une taverne proche à Néa Philadelphia. Il y avait réservé une table à son nom et les rejoindrait sitôt sa réunion achevée.

Un quart d'heure plus tard, il les rejoignit dans la grande salle du sous-sol de cette taverne traditionnelle. S'excusant d'avoir tardé, il justifia son choix de ce lieu comme étant le plus approprié pour discuter au calme et à l'abri d'oreilles partisanes.

Quelques mèches grisonnantes et d'épais sourcils lui donnaient un air à la Anthony Quinn. Sa chemise à carreaux était sortie du pantalon, sans doute sous la pression d'un ventre qu'il avait du mal à comprimer. Il embrassa Odysséa, l'invitant à saluer son père pour lui. Puis il entreprit de résumer à Théo ce qu'il avait compris des recommandations de Konstantinos et du contexte de sa visite.

– Mon ami a pensé que je pourrais t'éclairer sur certains événements qui ont marqué le Parti communiste grec depuis sa naissance en 1924. Si je l'ai bien compris, tu recherches plus spécialement ce qui, à travers les points de divergences stratégiques au sein du Parti, aurait pu constituer des griefs à des opposants vindicatifs à Kostas et constituer des mobiles à un meurtre. Tu voudras bien ne pas prendre mes circonvolutions comme des effets de style mais comme une distance volontaire et prudente avec les faits, sachant qu'outre l'ancienneté de certaines positions politiques qui auraient pu être reprochées aux uns et aux autres, l'assassinat ne figure pas du tout dans les pratiques aujourd'hui en vigueur.

– Vous voulez dire 'plus du tout', se permit de reprendre, Théo. Pourtant, le Parti communiste grec a bien eu en son temps une police secrète qui a procédé à des exécutions.

– Essayons d'être positifs, si tu veux bien. Ton arrière-grand-père, Agaton, s'était rapidement engagé dans ce parti alors balbutiant où il a su tailler sa route et prendre peu à peu une place reconnue dans l'appareil. Il a baigné dans les thèses en formation, participé aux débats internes, contribué à élaborer les éléments fondateurs d'une politique. Ce faisant, il s'était fait repérer par les gens au pouvoir, ce qui lui a valu d'être exilé une première fois sous Metaxás, à Ikaria, puis une deuxième fois, pendant la deuxième guerre civile, où il fut…

– …expédié au camp de concentration de Makronissos où il est mort des suites des tortures subies pour avoir refusé de signer la 'déclaration de repentir', poursuivit Théo en un nouvel hommage à son grand-père. En cela, il n'avait fait courageusement que respecter les consignes du Parti, souligna-t-il malicieusement.

– C'est cela. Quant à son fils, Kostas, ton grand-père, il n'a été au début qu'un militant de base. Puis il s'est engagé dans la branche militaire du Parti, l'ELAS, au sein de laquelle il a participé à des actions héroïques. Et puis, ses convictions ont peu à peu penché du côté de ceux qui marquaient un désaccord croissant avec une ligne officielle rigide, trop dépendante de Moscou à leurs yeux. Pendant l'occupation allemande, le Parti était écartelé entre son désir de monopoliser la Résistance et celui de se préparer à prendre le pouvoir à la Libération, un peu tiraillé entre le respect des conseils de Moscou et les exigences des Britanniques et de leurs alliés. Si le Parti avait voulu la révolution, il n'aurait pas tenté à plusieurs reprises de négocier et aurait, après la libération, fait entrer ses 50 000 hommes armés dans Athènes ! Mais ses instances avaient décidé de ne pas prendre le contrôle du pays avant la fin de 1944 et la libération s'est accompagnée d'une répression féroce sur les anciens résistants : 1 300 personnes assassinées, 10 000 autres arrêtées, voire torturées, et un millier exécutées après des simulacres de procès.

– Pourtant, ils avaient déjà dû tomber de haut quand les Soviétiques avaient accepté de nommer un ambassadeur auprès du gouvernement fantoche d'Athènes, ce qui correspondait à une approbation indirecte de la répression de *Dekemvriana*, relança Théo. Avec le recul, on peut estimer que le Parti a fait preuve d'une certaine naïveté et a semblé ignorer jusqu'en 1952 que Staline avait accepté huit ans plus tôt le tristement célèbre 'accord des pourcentages d'influence' proposé par Churchill avec lequel ils s'étaient 'partagé' les Balkans, plaçant la Roumanie sous influence Russe à 90%, la Bulgarie à 75%, la Yougoslavie et la Hongrie à 50/50% avec la Grande-Bretagne qui conservait la Grèce à 90%. Cet accord de Yalta qui préludera aux divers épisodes de la guerre froide en Europe, releva Théo, très concentré.

– Mais, si tu avais été à leur place, comment aurais-tu interprété quelque temps plus tard la condamnation bruyante des persécutions des militants communistes par le représentant soviétique au Conseil de sécurité de l'ONU ? demanda Patrikios, agacé par les interprétations de Théo. Le Parti a voulu y voir le signe que Staline était prêt à soutenir une éventuelle rébellion armée. C'était sans doute allé un peu vite en besogne car le même Staline, qui ne voulait pas trop fâcher les alliés avec qui il avait combattu les Allemands, encourageait le Parti à signer un compromis avec le pouvoir en place et à accepter du bout des lèvres l'intégration d'ELAS dans la nouvelle armée nationale en échange de la promesse de poursuite des collaborateurs. C'était le début de ce qu'on a appelé 'la guerre froide' et la Grèce en fut incontestablement le premier terrain d'expression concrète, souligna Patrikios.

– Le Parti a reconnu tardivement avoir commis quelques erreurs d'appréciation, avança timidement Théo.

– Ses dirigeants ont eu le tort de croire que les centres urbains joueraient un rôle déterminant dans la victoire à remporter sur les occupants. Aussi le Comité central avait-il intimé l'ordre au prolétariat grec de rester dans les villes, au lieu de les envoyer au maquis. Et les sympathisants de nos villes sont restés sur place en attendant que le piège se referme sur eux : ils se sont faits bêtement tous prendre comme des sardines qui vont par bancs, souligna Patrikios, avec amertume. Dans cette même logique de compromis, le Parti leur avait aussi ordonné de ne pas reprendre les armes et de ne pas rejoindre la montagne où un gouvernement provisoire démocratique de la Grèce libre avait pris place sous la houlette d'opposants à la ligne officielle. Comme beaucoup d'autres militants, Kostas a préféré enterrer ses armes puis rejoindre la montagne.

– Une pilule difficile à avaler, non ? Et c'est à ce moment qu'ont commencé les exclusions, souffla Théo.

Oubliant la présence d'Odysséa, Patrikios exprima en grec son agacement devant cette nouvelle pique, avant de reprendre imperturbable, en anglais, son récit de la version officielle.

– L'armée grecque s'avérait incapable de venir seule à bout de l'insurrection communiste et la perspective d'une victoire communiste apparaissait comme sérieuse. Fin 1947, en application de la doctrine Truman qui voulait que les États-Unis interviennent partout où semblait poindre un danger communiste, l'oncle Sam a débarqué en Grèce. Il aspirait à une victoire totale et définitive sur les communistes avec l'écrasement de leur armée et de leur appareil politique. Le Parti fut interdit et l'ancien patron de l'EDES, devenu comme par hasard ministre de la Police, fit arrêter à Athènes 600 sympathisants du Parti puis déporter dans les îles de Makronissos et de Yaros, près de 9 000 personnes dont Agaton, ton arrière-grand-père.

– C'est effectivement à ce moment-là que Kostas a rejoint la montagne et l'Armée démocratique, appuya Théo.

– Des divergences profondes à propos de la tactique à adopter sont apparues au sein de la direction du Parti. Tu as dû lire que Markos, le chef de l'Armée démocratique, était favorable à une tactique de guérilla, alors que Zachariadis souhaitait livrer une bataille rangée, selon les règles classiques d'une armée de métier. Ces divergences ont été réglées par l'éloignement brutal du premier, officiellement pour 'raison de santé', et la prise en charge directe du commandement des opérations militaires par le second. Et en l'absence d'une unanimité au sein du Parti, sa police secrète que tu évoquais tout à l'heure, a été chargée d'une grande lessive, selon les préceptes staliniens éprouvés. L'épuration de l'Armée démocratique des 'mauvais communistes' – entends par là, Théo, les menchevik, trotskiste, titiste, social traître - fut menée avec autant de zèle que l'épuration des collaborateurs et des criminels de guerre. Par je ne sais quel miracle, Kostas y a échappé et a pu prendre part aux derniers combats à Gramos que les rebelles contrôlaient encore début 1949, grâce à l'aide apportée par leurs voisins.

– Du moins jusqu'à ce que Staline prenne conscience que la guerre civile en Grèce pourrait déboucher sur un affrontement avec les États-Unis. Il a alors encouragé les dirigeants des PC bulgare et yougoslave à cesser d'approvisionner en armes les partisans grecs dont la situation s'est considérablement dégradée. J'ai découvert que l'aviation américaine avait largué ses premières bombes au napalm sur le massif du Gramos. Quand je raconte cela, mes interlocuteurs ne veulent pas me croire, tant cela est méconnu, confia Théo.

– C'est hélas vrai ! En août 1949, les offensives de l'armée grecque sur les monts Gramos et Vitsi ont obligé les derniers partisans, dont Kostas, à refluer en territoire albanais et yougoslave. Des dizaines de milliers de partisans, de résistants et de sympathisants du Parti communiste grec ont ainsi été contraints à l'exode vers les pays de l'Est. Mais tu sais tout cela puisque tu reviens de Tachkent, m'a précisé Konstantinos. Commencée sous tutelle britannique, la guerre s'est achevée sous un quasi-protectorat américain par une troisième défaite, avec environ 150 000 morts et 1,2 million de sans-abris, laissant le pays déchiré et ruiné.

– J'imagine qu'il n'a pas été facile de tirer des conclusions de ce désastre au sein du Parti, relança Théo pour pousser Patrikios à désigner des responsables. Ce n'était pas tant la défaite en soi qui était difficile à accepter par les militants que la façon dont elle s'est produite car la radio des partisans, *'La Voix de la liberté'*, ne les avait-elle pas bercés matin et soir en martelant que Vitsi et Gramos étaient des positions inexpugnables et qu'elles seraient la tombe du 'monarcho-fascisme'.

– En fait, en deux semaines, tout s'était écroulé ! reconnut Patrikios. Le choc a été terrible. Comme les dirigeants du Parti nourrissaient la conviction absolue qu'une défaite était impensable, rien n'avait préparé les militants à cette éventualité. Le Parti était physiquement et moralement exsangue : ses combattants avaient été exterminés, les survivants enfermés dans des camps ou réfugiés dans les démocraties populaires. Déception causée par la défaite, peur, désenchantement, certains n'hésitèrent pas à rejoindre le camp d'en face, fidèles à l'empressement séculaire des Grecs à rallier le futur vainqueur, quel qu'il soit, pour l'abandonner ensuite aux premiers signes d'une défection des dieux, releva-t-il avec amertume. Quand les premiers nuages sont apparus à l'horizon, les règlements de comptes ont commencé : la direction du Parti a procédé à l'exclusion systématique de tous ses opposants opportunistes, titistes et autres traîtres, de 1950 à 1955.

– Les exilés de Tachkent n'ont pas été épargnés par cette ambiance délétère, essaya de le recentrer Théo.

– Faisant partie d'un groupe de cadres qui avaient refusé la reprise de la guerre civile en 1946 et rejeté la transformation de l'Armée démocratique en armée de métier, Kostas a été exclu lors des dernières purges staliniennes. Mais, en 1956, suite au rapport Khrouchtchev qui préconisait réformes et ouvertures au sein des partis frères, les exclus ont refait surface et chassé à leur tour la direction stalinienne : ils ont imposé la 'dézachariadisation' du Parti communiste grec, ouvrant la porte à des actes de vengeance sur fond d'escarmouches politico idéologiques entre anti et pro-Zachariadis. Tu connais la suite. Pendant plus de vingt ans, la direction du Parti, repliée sur son passé, s'est auto flagellée au moyen de purges constantes, essayant d'exorciser les démons de l'échec. Chacun était hanté par un bilan désastreux où les chiffres, les trahisons, les mensonges idéologiques dansaient une gigue infernale. Cela a laissé des traces profondes et des rancœurs.

– Et je suppose que la dictature des colonels en a rajouté une couche en ravivant les vieux démons à l'intérieur du Parti en exil, car Moscou, qui continuait à considérer la Grèce comme une porte d'entrée au Moyen-Orient, a ménagé les colonels, n'est-ce pas ? glissa prudemment Théo.

– En effet, dut convenir Patrikios. Après l'instauration de la dictature des colonels en avril 1967, le Parti s'est scindé en deux en janvier 1969. Ainsi, certains communistes qui jugeaient la répression du Printemps de Prague trop violente se sont-ils rapprochés de la ligne eurocommuniste, à l'instar des communistes italiens. En septembre 1974, à la fin de la dictature, le Parti communiste grec a été à nouveau autorisé après vingt-sept ans d'interdiction, marquant son retour dans le champ politique, à la gauche du Parti socialiste, le PASOK. Mais, quand, en 1989, le KKE a accepté d'entrer au gouvernement avec un portefeuille ministériel, ce qui a généré de nouvelles incompréhensions chez les électeurs communistes. Cependant le Parti est peu à peu remonté dans les suffrages jusqu'à atteindre plus de 8% des voix aux élections législatives de l'année dernière avec 22 députés. Voilà, tu sais tout ou presque ! Je ne vois décidément rien dans tout cela qui puisse conduire à l'assassinat pour mobile politique de Kostas, acheva Patrikios l'air las. D'ailleurs, il s'est tenu à l'écart puisqu'il avait quitté la Grèce pour la France en 1982. J'espère t'avoir convaincu, dit-il en prenant congé de Théo et Odysséa.

Avec son départ, Théo voyait encore une de ses hypothèses partir en fumée. En sortant de la taverne, un peu ébranlé dans ses convictions, il jeta un dernier regard vers l'immeuble de verre et d'acier du Parti communiste grec, doutant de pouvoir en percer les secrets.

– Tu l'as un peu bousculé mais tu as eu raison, souligna Odysséa le prenant par les épaules pour l'entraîner vers d'autres horizons et tenter de lui changer les idées.

Chapitre XXVII

Samedi 13 décembre 2008 - Paros

Odysséa avait, sans trop de difficultés, arraché à Théo la permission de l'accompagner... du moins jusqu'au port du Pirée qu'ils avaient rejoint en scooter. Mais, intraitable, il avait refusé une nouvelle fois qu'elle aille plus loin. Après des adieux enflammés, il avait embarqué seul sur le Blue Star Ferry en partance pour Paros. Il espérait y dénicher Zacharias, malgré les tentatives maladroites d'Aspasia de lui épargner cette étape. Ses efforts l'avaient au contraire plutôt renforcé dans son projet.

Il y avait peu de touristes en cette saison. Il s'était trouvé sans difficulté une place sur le pont supérieur, non loin de 'Goodies', un comptoir où l'on pouvait acquérir sans discontinuer clubs sandwichs, frites, etc. Il fallait compter plus de quatre heures de navigation pour franchir la centaine de miles qui séparait Le Pirée de Paros. Heureusement, la mer s'annonçait calme. Théo décida de profiter de cette parenthèse pour amorcer sa lecture d''Alexis Zorba', le livre dont il avait fait l'acquisition l'avant-veille. Cette décision lui semblait d'autant plus fondée que Kazantzakis décrivait, mieux que Théo n'aurait su le faire, ce qu'il ressentait à ce moment-là.

> « *Ce monde réserve bien des joies – les femmes, les fruits, les idées -, mais fendre les flots de cette mer-là en murmurant le nom de chaque île, pendant ces jours cléments de l'automne, je ne crois pas qu'il existe une joie plus capable d'ouvrir au cœur de l'homme les portes du paradis. Nulle part ailleurs on ne quitte aussi aisément, aussi sereinement, le réel pour le songe* ».

Le ronronnement régulier des moteurs du bateau le plongeait dans une forme de somnolence qui fait que les lignes d'un livre commencent à onduler et que le regard se floute. Derrière les vitres embuées se devinaient par intermittence des îles plus ou moins perdues dans des brumes de chaleur, à moins que ce ne fût un léger brouillard automnal. Chaque tour d'hélice faisait imperceptiblement défiler le paysage de falaises aux prairies desséchées, spectatrices figées d'une mer d'huile.

Une rare agitation saisissait les passagers demeurés sur le pont lorsqu'un navire croisait au loin, ou quand l'un d'entre eux pointait à l'horizon une silhouette semblable à une nageoire dorsale d'un mammifère marin. Au bout de quelques chapitres, Théo s'étira, posa son livre pour aller chercher à l'extérieur quelques bouffées d'air marin. Inconsciemment, il avait quitté le réel pour le songe et se voyait dans la peau d'un grand navigateur, tour à tour Ulysse, Sind Bad le marin ou Corto Maltese. L'œil vague, il flottait littéralement comme en apesanteur, le cerveau exceptionnellement déconnecté de ses obsessions qui avaient toujours comme noms Zacharias et Stavros.

Le Blue Star venait de virer de bord à hauteur des portes de Paros, ces deux rochers qui se dressent fièrement à l'entrée du port et dont beaucoup rêvent d'y voir un jour le soleil se coucher juste entre les deux. Théo s'étonna qu'à cet instant précis plusieurs passagers fassent un signe de croix. On lui expliqua que c'était là qu'en septembre 2000, le Ferry Express Samina d'Hellas Ferries en provenance du Pirée avait heurté ces îlots et fait naufrage. 82 passagers y avaient trouvé la mort tandis que le bateau sombrait par 38 mètres de fond dans la baie de Parikia. Théo observa avec d'autant plus d'attention la manœuvre de demi-tour, rapide au regard de sa masse, opéré par le navire pour se mettre à cul contre la jetée du port. Au même moment, dans une sorte de ballet aquatique, un autre ferry rapide, affichant un gigantesque 'Vodafone' publicitaire sur ses flancs, larguait les amarres pour Mykonos.

Abaissées par l'équipage, les passerelles véhicules et passagers vinrent griffer le quai dans un vacarme métallique. Un chassé-croisé de passagers s'y déversa, ceux qui pressés, débarquaient dans le désordre le plus total, et ceux qui en sens inverse couraient pour embarquer.

Théo suivit le flux des piétons. Il fut dévié ici ou là par des familles en grandes embrassades de retrouvailles ou des négociateurs brandissant des pancartes pour des chambres ou des voitures à louer. Derrière les grilles marquant les limites officielles de la zone portuaire, des automobilistes en double file patientaient en attendant de pouvoir charger leurs clients ou amis. Les sifflets des policiers du port, inaudibles dans ce brouhaha, ne semblaient là que pour le folklore, dépassés par l'impossibilité de faire régner un minimum d'ordre aux chauffeurs de bus et autres cars touristiques. Seul élément de décor imperturbable, le moulin à vent du port de Parikia s'obstinait à dresser immobiles ses ailes dégarnies au-dessus du gymkhana qui rythmait le lieu en cette saison encore une quinzaine de fois par jour.

Personne n'attendait Théo. Du moins s'en convainquit-il et c'est l'esprit léger qu'il partit à la découverte de la ville, profitant du calme de la sieste, scrupuleusement respectée par ici. Il prendrait plus tard possession d'un quad, indispensable l'avait convaincu Odysséa pour parcourir les routes et les chemins de terre de l'île. Pour sa part, Konstantinos lui avait recommandé deux ou trois spots architecturaux inévitables dans cette ville médiévale typiquement cycladique. Il lui avait particulièrement vanté *'Panaghia Katapoliani'* : "*Tu ne pourras pas manquer ce sanctuaire paléochrétien, le plus grand et le plus ancien des Cyclades car cette basilique est proche du port, à côté d'une forêt de pins à demi couchés par le vent*". Fondée au IVe siècle, elle se composait de plusieurs édifices construits au fil des siècles et avait été restaurée dans son esprit originel en 1960. Église de la 'Vierge aux Cent Portes', l'immense bâtiment en pierres apparentes - et non chaulées comme pour la plupart des autres églises des Cyclades – s'abritait d'un toit de tuiles. Théo la trouva à la fois majestueuse et empreinte de sérénité avec sa très belle cour intérieure et son jardin entourés d'un cloître et d'un monastère. Il n'essaya pas de vérifier s'il n'y avait que 99 portes, de toute façon la légende prétendait que la centième n'apparaîtrait que lorsque Constantinople serait reconquise !

Après avoir sacrifié au gyros, il s'enfonça dans une des ruelles bordées d'échoppes de part et d'autre, ponctuées de quelques riches maisons Vénitiennes et saupoudrées de dizaines de chapelles, parfois face à face, parfois même côte à côte. Théo s'essaya un temps à les recenser, prenant plaisir à pénétrer dans celles dont les portes, surmontées d'un linteau de marbre sculpté, étaient grandes ouvertes pour y contempler les nombreuses icônes et s'enivrer d'encens. Se laissant aller de ruelle en ruelle, il parvint jusqu'au '*Kastro*'. La construction de cette forteresse de Parikia avait débuté en 1260 afin de défendre la ville contre les invasions de pirates : il ne subsistait que ses murs d'enceinte composés d'un enchevêtrement architectural d'anciennes colonnes prélevées sur des sites plus anciens, notamment l'ancien temple de Déméter ou d'autres chapelles. Les quelques petites maisons environnantes où les villageois les plus pauvres avaient élu domicile à l'époque, étaient désormais occupées par des acquéreurs étrangers ou des tavernes avec vue imprenable sur la baie de Parikia.

Mais, fini du tourisme, il était temps pour Théo d'aller chercher son quad et de rejoindre '*Naoussa*', située à une dizaine de kilomètres au nord. La route grimpait sec vers Profitis Ilias, avant de redescendre doucement vers les fertiles plaines littorales puis la mer. Il était fasciné par la beauté des paysages, tous ces vallons travaillés en espaliers avec des vignobles, des oliveraies, avec çà et là quelques maisons aux murs blancs tandis que des poules peu farouches attendaient le dernier moment pour esquiver les roues du quad. Arrivé à la baie de Naoussa, Théo tourna à gauche vers '*Kolimbithres*', suivant une route qui longeait la baie et ses plages bordées de petites tavernes délaissées en cette saison. Il atteignit '*Monastiri*', traversa le port à sec d'où il put distinguer Ag Ioannou Detis où se terraient peut-être Zacharias ou Stavros. Et pourquoi pas les deux, imagina-t-il un instant.

Protégé de la route par un champ planté d'oliviers bien rangés, engoncé sur une avant-scène de gros rochers, proche de la mer, le petit monastère lui apparut éclatant de blancheur, seulement rompue par le dôme de sa petite chapelle fraîchement repeint du bleu cycladique. Petit et rond, il faisait penser à un sein de femme. Sur le parvis de l'église, pavé de galets noirs et blancs qui dessinaient un motif imperceptible aux profanes, des pots de peinture en plastique reconvertis dans l'accueil de plantations de menthe et de basilic profitaient des dernières heures du soleil. Il y avait cinq portes bleues, peut-être les cellules des moines, imagina-t-il. Droit comme un cierge, un grand cyprès semblait monter la garde, imperturbable parce que se sachant abrité par une arrière-garde de tamaris le long de la clôture. De là, quelques marches descendaient vers une plage minuscule où une annexe gonflable avec moteur était échouée, sans doute utilisée pour rejoindre la vedette effilée, façon cigare volant noir, qui était amarrée plus au large. Il y avait aussi une stèle rappelant qu'en 1770, les Russes avaient installé une base navale dont le quartier général était situé sur la petite île d'Agia Kali, que Théo distingua juste en face. Les Russes, déjà ! Après Tachkent, plus rien ne l'étonnait.

Le lieu se présentait exactement comme il l'avait imaginé. Il s'attendait à voir Zacharias ou Stavros surgir furieux de l'une des cellules dont la porte entrouverte lui sembla laisser filtrer en sourdine d'harmonieuses psalmodies. Mais rien ne vint perturber ce tableau idyllique. Il se hasarda à frapper à la première des portes, sans obtenir la moindre réponse. Après avoir renouvelé sa tentative, il entra pour jeter examiner l'intérieur. La pièce était inoccupée. Il n'y avait qu'un vieux sommier et un matelas constellé d'auréoles douteuses, mais ni drap, ni couverture, ni vêtement, ni vaisselle. Pour toute présence, une petite icône accrochée au mur surmontait une veilleuse dont la flamme semblait danser. Il dut se rendre à l'évidence : les psaumes étaient sortis tout droit de son imagination. Il s'approcha de l'icône pour la détailler. Elle représentait une vierge farouche et belliqueuse, au regard sévère et inquiet, qui semblait reprocher à Théo son intrusion. Il ressortit de la pièce et suivant le même rituel, frappa à chacune des quatre portes restantes. Les pièces étaient toutes aussi vides. Pas inoccupées, totalement vides. Quant à la porte de la chapelle, elle était fermée, comme souvent, pour éviter les vols d'icônes et autres précieuses reliques.

Il déduisit de la présence d'un bateau que l'occupant du monastère, fut-il Zacharias ou Stavros, n'était pas loin. Aussi décida-t-il d'attendre. En plus, il faisait un temps magnifique sous ce soleil d'automne doux et clément. Il s'allongea dans le jardin, sous un olivier, à même l'herbe. Il accusait la fatigue de son voyage depuis Athènes et s'assoupit dans des senteurs de fenouil, de genêt, alors que la lumière du soleil couchant teintait de rose les murs du monastère blanchis à la chaux. Ses rêves étaient seulement bercés par le bourdonnement des insectes et dans le lointain le tintinnabulement des drisses des bateaux en travaux dans le chantier qu'il avait traversé en arrivant.

Sa petite sieste fut soudain interrompue par un bruit de moteur. Il se redressa sans distinguer de voitures aussi loin qu'il puisse voir sur la route. Se rappelant la disposition des lieux, il se retourna et se précipita vers le parvis d'où s'échappait l'escalier permettant l'accès à la petite plage. Le bruit de moteur paraissait plus distinct au fur et à mesure de son avancée. Effectivement, c'était le bruit du dinghy qui prenait le large en direction de la vedette. Il n'y avait qu'un seul homme à bord, assis à l'arrière tenant le gouvernail. Sa stature légèrement voutée pouvait laisser imaginer qu'il s'agissait de Zacharias, tel qu'Aspasia l'avait dépeint à Théo. À moins que ce ne soit Stavros. Déjà trop éloigné pour crier quelque chose, l'homme fit de sa main libre, sans se retourner, des moulinets que Théo interpréta comme une invitation à patienter dans l'attente d'un retour prochain. Un peu déçu mais plein d'espoir, il retourna s'asseoir dans la cour pour bénéficier des derniers rayons du soleil couchant.

Il était temps pour Théo de passer son coup de fil quotidien à Odysséa. Après plusieurs tentatives, il dut se rendre à l'évidence, il n'y avait pas de réseau. Il lui fallait retourner vers la civilisation, à Naoussa d'où il pourrait téléphoner et aussi s'alimenter. Mais, comme il craignait de manquer le retour de l'homme, il préféra rester là à l'attendre. Il s'allongea dans la cellule qui offrait le seul lit du monastère. Veillé par la vierge de l'icône, éclairée par la seule veilleuse, il reprit sa lecture de Zorba qui l'accompagna jusque dans son sommeil pour une nuit sans histoire.

Chapitre XXVIII

Dimanche 14 décembre 2008 - Naoussa

Bien qu'un dimanche, ce ne sont pas les cloches appelant les fidèles pour l'office qui le réveillèrent mais le chant des cigales. On les dénommait '*tettyx*' ou '*dzidzikia*', un mot évocateur du son émis par ces insectes, lui avait appris Odysséa. La sérénité du lieu avait pleinement imprégné Théo qui avait passé une nuit de rêves. Il n'avait aucune envie de bouger et ne sentait pas encore trop la faim lui tarauder le ventre. Il jouissait du soleil que de rares nuages voilaient, puis dévoilaient comme pour faire sentir les hauts et les bas de sa quête, si éloignée du cocon parisien dans lequel son père l'avait consciencieusement élevé.

Et Zacharias qui ne revenait pas ! Devait-il vraiment l'attendre alors qu'Aspasia s'était efforcée de le convaincre que, de toute façon, il ne lui apprendrait rien. Qu'en dirait Zorba ? se demanda Théo. Un passage lui revint en mémoire. "*Monsieur soupèse le pour et le contre, hein ? Et même au gramme près, non ? Décide-toi, bon sang, et envoie bouler toutes ces balances !*". La philosophie et le bon sens de Zorba firent mouche. Bien sûr, il fallait qu'il s'en tienne à son projet et donc qu'il attende autant qu'il le faudrait le retour de Zacharias. Tout au plus devait-il se limiter à faire un saut rapide à Naoussa pour un téléphone rassurant à Odysséa, et un petit ravitaillement afin de se nourrir pendant son siège du monastère. Il enfourcha son quad alors que le '*meltem*' se levait et commençait à souffler en fortes rafales.

Naoussa est une petite ville typiquement cycladique composée de petites maisons blanches, de ruelles escarpées pavées qui remontent la colline, d'eucalyptus majestueux et de bougainvilliers fleuris. Il la trouva attachante avec son entrelacs de ruelles bordées de boutiques plutôt chics, de multiples bars et restaurants. Certes, elle était certainement différente du visage qu'elle offre aux flâneurs l'été sur les quais qui longent le port. Celui-ci est séparé en deux parties : d'un côté, les bateaux de

plaisance, et de l'autre, une flottille de bateaux de pêche, Naoussa s'enorgueillissant d'abriter la plus grande des Cyclades.
Il pénétra aussi dans l'église Saint Nicolas, le patron des marins, et contempla les maigres ruines du château vénitien du XVe qui, autrefois, surveillait et protégeait la baie.
Théo gara son quad le long de la rivière qui descend vers la mer entre deux rangées de voitures en stationnement. Il échappa de justesse à une famille d'oie qui y défendait chèrement son accès aux poubelles à un escadron de mouettes.
Bondé en été, le 'Saint-trop' de Paros avait adopté son rythme pré hivernal : une fréquentation touristique restreinte avec son corollaire, de nombreux restaurants et boutiques chics fermés. Mais ce n'était pas encore tout à fait une ville fantôme : le long des ruelles escarpées pavées qui remontaient la colline, des senteurs culinaires et le son des téléviseurs s'échappaient des rares maisons blanches à étages encore occupées.

Théo passait d'une ruelle à l'autre, interrogeant de préférence les personnes d'un certain âge qui auraient pu le renseigner sur Zacharias ou sur Stavros ou sur Kostas. À un accueil souriant suivi d'un laconique *'denxero'* ('je ne sais pas'), il répondait par un sourire et un *'efkaristo'* de circonstance.

Comme l'heure avançait, et qu'il était à jeun depuis le *gyros* de la veille, il se mit en quête d'un restaurant ouvert en cette saison, c'est à dire ayant la chance de disposer d'un espace clos pour accueillir quelques tables à l'intérieur. Tous ceux dont les terrasses envahissaient habituellement le port étaient fermés, les chaises ayant été reléguées, pieds en l'air, sur les tables, derrière des rideaux de plastique transparent. Il finit par trouver à l'angle de deux petites rues, le *'Yemeni'*. C'était un restaurant qui revendiquait en vitrine une riche carte des vins et dont le menu proposait les spécialités de la saison (escargots et lapin). Dans la salle, il distingua quelques convives déjà attablés. Après avoir commandé son repas, Théo interrogea la femme qui assurait le service, une certaine Iota, qu'il imagina être la femme du cuistot en ces périodes où les saisonniers étaient pour la plupart rentrés à Athènes. S'il n'obtint pas davantage de réponse nette, il eut cependant l'impression que sa question avait déclenché une réaction. En effet, elle avait été suivie d'un conciliabule entre la serveuse et le patron, puis un échange de regards en coin avec deux hommes accoudés au bar.

Théo s'était régalé. Quand il demanda l'addition, le patron, respectant la tradition, lui apporta une assiette de fromage blanc au miel et un verre de *'souma'*. Et, alors qu'un adolescent s'approchait d'eux, il lui indiqua sur le ton de la confidence :

– Les survivants de l'époque qui t'intéresse sont rares. Il y a bien Arsénios, un de nos derniers anciens qui vient de fêter ses 91 ans. Tu verras, il est intarissable sur les événements que tu évoques. Peut-être pourra-t-il t'indiquer où trouver ceux que tu cherches. Il habite dans le haut de Naoussa, non loin des caves de Moraitis. Ce jeune homme peut t'y conduire. Quand tu seras prêt, suis-le.

Théo le remercia et sortit machinalement sa carte bleue. S'apprêtant à la remettre dans sa poche, il fut un instant surpris de voir le restaurateur l'accepter. Après une brève escale technique aux toilettes, il suivit le jeune homme dans le dédale de ruelles jusqu'à une maison qu'un bougainvillier desséché et un escalier extérieur, métallique et en colimaçon, semblaient empêcher de s'effondrer. Théo marqua naturellement un instant d'hésitation devant l'état de la maison, mais il se raisonna. Ne lui avait-on pas dit que cet Arsénios venait de fêter ses 91 ans, un âge où l'entretien de son patrimoine n'est sans doute plus une priorité. Alors qu'il se décidait à pousser la porte, il sentit la pression d'une main dans son dos, sans mesurer si elle le poussait ou si elle le retenait. Déséquilibré, il tomba la tête la première. Il crut qu'il avait manqué une marche et que son guide avait essayé de le retenir. Mais, on ne lui laissa pas le loisir de découvrir ce qui se cachait à l'intérieur. Déjà, deux individus se saisissaient de lui, le bâillonnaient et le ligotaient avant de lui passer une cagoule sur la tête, et de l'asseoir sans ménagement sur une chaise. Il comprit alors mais trop tard qu'il était tombé dans un piège. On lui releva une manche et il tressaillit quand il perçut qu'on lui faisait une piqure. Il sombra tandis qu'on le déposait sur un brancard et le recouvrait d'un drap. Sur une place toute proche, une ambulance attendait dans laquelle il fut enfourné sous l'œil passif des passants.

Chapitre XXIX

Mardi 16 décembre 2008

Quand Théo sortit de sa torpeur, il était allongé, étroitement sanglé sur un lit de camp. Il n'avait aucune idée du temps qu'avait duré sa léthargie. L'espace autour de lui était sombre et il le ressentait comme très humide. D'ailleurs, se réfrénant de gigoter pour défaire ses liens, il perçut un bruit continu. Comme un ruissellement. Trop fort pour une fuite, se dit-il. Une fontaine ou un petit torrent ? Il frissonna. Une goutte tomba sur sa joue. Il la fit glisser jusque dans sa bouche en tournant un peu la tête sur le côté : elle n'était pas pure et contenait quelques aspérités, du sable peut-être. Cherchant à voir d'où elle venait, il souleva sa tête, puis regarda autour de lui sans pouvoir distinguer quoi que ce soit à la ronde. Il lança plusieurs puissants 'hello' qui lui revinrent en échos démultipliés à l'infini.

Qui l'avait fait enlever et installer ainsi ? Zacharias ? Stavros ? Où était-il détenu prisonnier ? Dans une cave du monastère ? Pourtant, il avait exploré les lieux et n'en avait pas trouvé. Chez le prétendu Arsénios, à Naoussa ? Avait-il été transporté dans une autre île ? Rapatrié de force à Athènes ? Pourquoi pas à Moscou ? N'était-ce qu'un rêve, un songe ? Qu'auraient fait ses héros, Ulysse ou Corto Maltese, dans de telles circonstances ?

Abattu, incapable de bouger, sans réponse à ses questions, il résista à la panique et se raisonna. Si on avait voulu le tuer, on n'aurait pas pris la peine de le transporter dans ce lieu. De toute façon, il n'était pas détenteur d'informations qui puissent justifier de le torturer pour le faire parler, chercha-t-il à se convaincre. Afin de résister à cette panique qui le gagnait inexorablement, il s'efforça de penser à autre chose. Ce fut naturellement vers Odysséa que se dirigèrent ses pensées. Il se souvint de leur soirée à Kolonaki et de leurs premiers gestes d'amoureux, ensuite. Mais, l'idée qu'elle pouvait s'inquiéter pour lui s'infiltra sournoisement et il recommença à s'agiter. Il l'imaginait voulant, sans nouvelles de son protégé, respecter le protocole dont ils étaient convenus alors que son père, Konstantinos, à ses côtés, tentait de la calmer. "*Ça ne fait pas encore quarante-huit heures ! Patience*". Et Odysséa faisait les cent pas telle une panthère dans sa cage, fixant avec un air de reproche le téléphone désespérément muet. Finalement, elle aurait certainement téléphoné à Yannick, se rassura-t-il.

Théo avait fini par s'assoupir quand des bruits de pas que le phénomène d'écho démultipliait pour les transformer en une sorte de cavalcade le sortirent de son demi-sommeil. Trois hommes pénétrèrent dans son champ de vision. Vêtus de combinaisons noires imperméables et de cagoules, ils s'éclairaient avec des lampes frontales. D'un doigt sur la bouche, ils lui intimèrent le silence le menaçant de le bâillonner. Après l'avoir détaché de son lit, ils l'invitèrent d'un geste à manger en lui désignant un plateau posé à ses côtés. Son repas achevé, ils attachèrent solidement ses poignets avant de l'équiper d'un harnais, relié à une grosse chaine solidement ancrée dans un mur proche, le tout sans un mot. Alors qu'ils s'éloignaient, Théo essaya de les suivre : il mesura aussitôt la faible amplitude de mouvements qui lui était laissée et tomba sur les genoux. Il était comme un chien attaché à son mur. Ses geôliers, plus menaçants désormais, le réinstallèrent fermement sur le lit. Il se surprit lui-même du calme avec lequel il affrontait cette situation. Peut-être parce qu'il était convaincu que, d'une façon ou d'une autre, son parrain et Odysséa n'allaient pas tarder à surgir.

Presque résigné, il entreprit d'explorer l'espace, aussi loin que la longueur de la chaîne et le faible éclairage le lui permettaient. Une lampe tempête avait été disposée à un endroit inaccessible et il n'y avait rien d'autre en vue que le squelettique lit de camp. Le mur auquel il était enchaîné et les murs proches lui semblèrent lisses au toucher. La surface paraissait blanche, mais il y avait comme des salissures de couleurs qui lui firent penser à des marbrures. Était-il possible que ce fût du marbre, se demanda Théo, perplexe, jusqu'à ce que son cerveau n'établisse une connexion avec un volet de ses cours de géologie à l'École d'architecture. En effet, se souvint-il, Paros, son marbre au grain très fin, d'un blanc très pur, utilisé par les plus grands sculpteurs de l'Antiquité pour la Vénus de Milo... Et il avait lu qu'aux Invalides, le tombeau de Napoléon était en marbre de Paros. Il en déduisit qu'il était donc toujours à Paros, sans doute prisonnier... dans une ancienne carrière de marbre. Malheureusement ce mur n'offrait pas la moindre aspérité lui permettant de tenter, en dépit de ses poignets entravés, une escalade pour s'offrir une vue de plus haut. Dépité, Théo retourna s'allonger. Si, au moins, à défaut de son téléphone, on lui avait laissé son Zorba !

Bien entendu, Odysséa avait fini par téléphoner à Yannick. Après lui avoir brossé un récapitulatif détaillé de la situation et des informations recueillies lors de ses visites à Athènes, elle l'avait supplié de venir à la rescousse. Pour sa part, le commissaire lui avait indiqué que selon son collègue grec, Nikos, le téléphone de Théo n'émettait plus de signal depuis la veille et qu'on avait perdu sa trace sur l'île de Paros. Même s'il savait ne pas pouvoir intervenir officiellement, Yannick avait immédiatement proposé de sauter dans le premier avion pour les rejoindre. Il s'était ensuite rué chez son ami Yorgos afin de l'informer de la situation et le convaincre de l'accompagner pour participer aux recherches de son fils en Grèce.

− Je n'ai pas voulu t'inquiéter jusqu'à maintenant mais je suivais le périple de Théo depuis Tachkent où il s'est rendu, contrairement à tes pronostics, puis à Athènes où nous avons échangé lors d'un Skype.

− Ma sœur m'a confirmé son passage, indiqua Yorgos dans un souffle.

− Oui, mais les policiers grecs ont perdu sa trace depuis lundi, jour où il était censé appeler sa nouvelle copine. La situation paraît sérieusement préoccupante, lui asséna-t-il sans ménagement.

− Le fait qu'il n'ait pas appelé cette 'nouvelle copine' peut peut-être s'expliquer par une batterie de téléphone vide ou morte, ou bien il l'aura égaré ou fait tomber dans l'eau, répondit Yorgos, toujours prêt à minimiser les événements.

− On peut aussi en avoir extrait la carte SIM, ce qui serait le signe d'une action malveillante. Bon sang, tu réagis comme s'il n'y avait pas lieu de s'inquiéter. Tu crois qu'il est parti en vacances ! L'autre jour, tu as reconnu toi-même que sa quête pouvait être dangereuse. Je ne te comprends décidément pas. Mais je ne veux pas davantage discuter avec toi. Ça suffit ! Tu fermes ton restaurant 'pour raisons familiales'. Je m'occupe de prendre nos billets d'avion pour Athènes. Et tu fais ta valise ! énuméra Yannick sur un ton ne souffrant pas de contradiction. Ma valise est prête depuis qu'il est parti, car, moi, je suis inquiet pour Théo, dit-il en claquant la porte derrière lui.

Chapitre XXX

Mercredi 17 décembre

— Les hôtesses d'Aegean sont plutôt plus avenantes et beaucoup plus aimables que celles d'Air France, fit observer Yannick à son ami, alors qu'ils n'avaient pas échangé le moindre mot depuis leur départ de Roissy.

— Tu n'as sans doute pas fait la différence mais maintenant avec leur chignon, elles ont un petit air de clones de la Callas, lui indiqua Yorgos, pour faire bonne mesure avant de préciser. C'est peut-être un hommage voulu par Onassis du temps où il détenait Olympic Airways, précisa Yorgos en connaisseur. Et il ne t'aura pas échappé que les sandwichs sont moins tardivement décongelés ! souligna-t-il avec un soupçon de gourmandise.

Après cette tentative de reprise de contact hautement philosophique, le silence se réinstalla entre eux, à peine perturbé par quelques trous d'air au-dessus de l'Albanie. Enfin, Yannick essaya une ouverture en faisant le point.

— Tu sais que je n'ai aucun mandat me permettant d'intervenir officiellement en France, encore moins en Grèce. Je peux tout au plus être 'conseil' et assister le plus discrètement possible aux opérations. Mais, à partir du moment où la police grecque a perdu la trace de Théo, mon copain Nikos a pu prendre très officiellement le dossier de sa disparition en mains. À partir des données que je lui avais transmises, il l'avait à l'œil - si je peux dire, s'agissant de son téléphone - depuis son arrivée à Athènes. Après quelques jours sur place à la recherche de ta sœur, ton fils s'est rendu dans les Cyclades dans l'île de Paros. Il y a loué un quad à Parikia et s'est rendu au monastère désaffecté de Ag Ioannou Detis que le père de sa copine lui avait indiqué comme une possible retraite de Zacharias. Il n'a pas dû l'y débusquer car il est ensuite retourné à Naoussa. La police a retrouvé le quad qu'il avait loué à son arrivée dans le grand parking. Mais sa trace s'achève sur une empreinte de sa carte bleue au restaurant 'Yemeni'. Depuis, plus rien. Ni sa carte bleue, ni son téléphone ne nous parlent.

− S'il n'émet plus, je veux dire si on ne peut plus le tracer avec son téléphone ou sa carte bleue, alors comment va-t-on pouvoir le retrouver ? demanda Yorgos, sentant poindre une sourde inquiétude.

− On en discutera avec Nikos quand nous serons sur place. Je suppose qu'il aura lancé les procédures habituelles : affichettes, recherche de témoins de son passage à Naoussa… Je vois que tu commences à t'intéresser à ton fils. Il est grand temps ! lui dit Yannick, profitant que l'avion entrait dans de nouvelles turbulences pour s'accrocher à ses accoudoirs et regarder ailleurs.

− Aurais-tu peur en avion ? Lui demanda Yorgos.

− Disons que, Breton, je suis plus à l'aise sur l'eau que dans l'air, confessa-t-il.

Mais déjà le pilote annonçait le début de la descente et une prochaine arrivée à l'aéroport Vénizelos d'Athènes.

Alors qu'après s'être posé, l'appareil roulait sur la piste, des passagers pressés se levaient déjà pour fourrager dans les coffres à bagages sans attendre que l'avion ait atteint son point de stationnement. Après les avoir fermement sommés de se rasseoir, la cheffe de cabine invita, en français, 'le Capitaine Yannick Le Clech à bien vouloir se signaler au personnel de bord'. Sitôt fait, une hôtesse vint le chercher pour le conduire à l'avant de l'appareil, suivi de Yorgos, décidé à ne pas le lâcher d'une semelle. À l'ouverture de la porte de l'appareil, ils découvrirent son ami Nikos, venu l'accueillir, accompagné de deux policiers en uniforme.

− J'aurai préféré te rendre visite et découvrir la Grèce dans d'autres circonstances, crois-moi, souligna Yannick avec une bourrade à l'intention de son confrère grec. Je te présente Yorgos, le père de Théo. Je te suis personnellement extrêmement reconnaissant de l'aide que tu m'apportes, déclara-t-il sans un regard à Yorgos.

La petite troupe se dirigea aussitôt à travers les sous-sols de l'aéroport jusqu'à un parking où un véhicule les attendait.

Yannick et Yorgos furent surpris d'y trouver Odysséa mais ils n'eurent guère le temps de se lancer dans un échange d'explications que, déjà, on les emmenait vers un hangar devant lequel piaffait d'impatience un gros hélicoptère de l'armée. Sitôt les bagages et les passagers transférés, ils s'envolèrent en direction de Paros.

Pendant le trajet, Nikos leur dressa un bref panorama de la situation.

– Comme toi je suppose, Yannick, notre dernière trace se trouve chez 'Yemeni'…

– Je te confirme ce point car il a payé avec sa carte bleue. Dernier contact donc le 14, soit il y trois jours, calcula Yannick.

– Il aura fallu au patron de bonnes raisons pour se convaincre d'accepter d'être payé ainsi. Comme la plupart de ses confrères qui prétendent le plus souvent que leurs machines ne fonctionnent pas, il aurait sûrement préféré être réglé en espèces, observa Nikos, avec un sourire entendu à l'intention d'Odysséa, sa nièce. Du coup, le restaurateur n'a pas pu prétendre qu'il n'avait jamais vu Théo et il a bien été obligé de se mettre à table, plaisanta-t-il à l'intention du commissaire. Placé en garde à vue, il nous a indiqué que son repas achevé, ton filleul aurait suivi un jeune homme pour rencontrer un certain Arsénios jusque dans les hauts de Naoussa. Tu ne seras pas surpris d'apprendre qu'il n'y a là-bas aucun Arsénios ! C'est là que nous avons perdu sa piste car son téléphone, probablement débarrassé de sa carte SIM, n'émet plus aucun signal.

– Je suppose que vous avez lancé les procédures habituelles en cas de disparition.

– Bien entendu, cher collègue. Ta récente retraite ne t'a pas fait oublier les fondamentaux, je vois, plaisanta Nikos. Plusieurs témoins nous ont déclaré l'avoir rencontré avant le déjeuner car il leur avait demandé s'ils connaissaient Zacharias ou Stavros et s'ils pouvaient lui indiquer où les trouver. Nous avons communiqué son signalement à la police de Paros qui a pris l'affaire au sérieux quand elle a compris qu'un gros bonnet d'Athènes allait débarquer, ajouta-t-il modeste, avec un large sourire. Hier, ils ont apposé quelques affiches dans les villages, sans aucun retour jusqu'à présent, et ils se baladent avec la photo de ton filleul. Ils ne manqueront pas de nous communiquer si des allées et venues suspectes leur sont signalées autour d'endroits peu fréquentés comme les moulins sur les crêtes de Lefkès, les carrières de marbre de Marathi ou Prodromos, les bergeries, etc. Mais j'oublie que tu ne connais pas le site. Yorgos et Odysséa ne seront pas étonnés que je te précise qu'il y a aussi des myriades de petites chapelles à fouiller. Les effectifs insulaires étant très limités, j'ai demandé à la gendarmerie de l'ile voisine de Naxos de m'envoyer des renforts qui, je l'espère, seront sur place en même temps que nous.

Déjà l'hélicoptère amorçait sa descente directement sur le terrain de foot de Parikia. Deux voitures de police les y attendaient pour les conduire sans attendre au Commissariat où devait se tenir aussitôt une réunion de crise.

Volontairement en retrait, Yannick, qui se faisait traduire par Odysséa les échanges entre les policiers, disséquait méthodiquement les informations émanant des hommes de terrain. Des mouvements suspects avaient été observés et signalés à Marathi, non loin des carrières de marbre. Avisant une carte de l'île épinglée sur le mur, Yannick et Odysséa s'efforçaient de se repérer. Un jeune policier leur pointa Marathi sur la carte en précisant que de nombreuses carrières de marbre se trouvaient là, dont certaines qui n'étaient plus exploitées.

— C'est un site très visité en été. Il doit être assez difficile de s'y cacher, mais, en cette saison, il ne faut rien négliger, releva Nikos venu les rejoindre pour leur faire part d'une information importante que l'on venait de lui communiquer. Une vedette rapide, genre cigare volant, venait d'être retrouvée sur la plage de Molos par des touristes. Je ne sais pas si c'est celui auquel Théo a fait référence dans son ultime conversation avec Odysséa mais il était vide de tout occupant et totalement calciné, précisa-t-il.

— Comment faut-il interpréter cette nouvelle ? s'interrogea à voix haute Yannick. Zacharias a-t-il essayé de venir au secours de Théo ? Ou bien l'a-t-il agressé avant de transporter son corps pour l'enfouir dans les carrières de marbre, en supposant que Molos ne soit pas trop éloigné de Marathi ?

– C'est le cas, lui confirma Nikos. Je fais étroitement surveiller les environs des carrières de Marathi, mais c'est un vrai gruyère et il y a même des sorties ou des éboulements difficiles d'abord. Sitôt les renforts à pied d'œuvre, j'envisage de faire fouiller de fond en comble le site par des chiens, sitôt que nous aurons une idée plus précise de l'endroit où Théo pourrait se trouver. A ce propos, avez-vous, comme je vous l'ai demandé, apporté des vêtements que Théo aurait portés récemment car ce sont des objets indispensables aux brigades sinophiles qui seront déployées.

– Voici un t-shirt et un caleçon, lui tendit rougissante Odysséa.

– Parfait. Je vous propose qu'on se rende sur place.

– Mais n'oublions pas que, dans toutes ces hypothèses, on peut aussi bien remplacer le nom de Zacharias par celui de Stavros… A moins que ces deux-là soient complices ? Mais où diable Théo peut-il être ? demanda Yannick. La 'scientifique' a-t-elle pu déterminer s'il y avait des restes humains dans le bateau calciné ?

– Ni résidus ni empreintes, lui confirma Nikos. Le bateau n'a pas été incendié en mer mais seulement après s'être échoué sur la plage de Molos.

À la sortie de Parikia, ils délaissèrent sur la gauche la route de Naoussa pour emprunter celle de Lefkès qui s'élevait régulièrement vers le col de Kostos, avec de belles épingles à cheveux. Après avoir traversé le bourg de Marathi, ils arrivèrent au virage où se garaient généralement les cars et véhicules de tourisme. Là, un panneau brun, de ceux qui annoncent les sites touristiques, marquait le départ d'un cheminement dallé qui conduisait à l'entrée officielle des carrières de marbre, un peu plus loin. Un policier en uniforme y était déjà en faction.

– Côté discrétion, tu vois que les Grecs ne font pas mieux que les Romains d'Astérix, souffla Yannick à l'oreille de Yorgos pour tenter de susciter une réaction, alors qu'il suivait apathique. Si les ravisseurs de Théo y sont, ils ont eu cent fois le temps de se carapater.

Puis, se tournant vers Nikos, il reprit son sérieux et lui demanda :

– Quel est ton plan maintenant ?

– Fais-moi confiance, s'il te plait, ajouta celui-ci, piqué au vif. Le policier, placé là ostensiblement, a vocation à les contraindre à rester à l'intérieur et à les obliger à utiliser les autres sorties où ils sont attendus pour être interpellés.

D'ailleurs, une tente militaire avait été dressée à proximité pour accueillir le PC de commandement de l'opération. Moyens de communication, circuits vidéo, ordinateurs… tout était prêt.

La radio de Nikos grésilla.

– Ici, Hadès 4, nous sommes placés au sud sur le plateau avec une vue plongeante sur une cicatrice béante de la carrière. L'accès en est périlleux mais l'infrarouge nous a permis de détecter des mouvements. Que fait-on ? On envoie une équipe en rappel ?

– Ici, commandement. Ne bougez pas ! Nous allons pénétrer, sans discrétion, précisa-t-il avec un clin d'œil à l'intention de Yannick, faire mouvement vers l'intérieur depuis notre côté pour inciter le gibier à fuir. Comme l'accès que nous contrôlons est trop en vue des touristes et n'offre aucune échappatoire pour tenter une sortie, ils seront bien obligés d'utiliser d'autres accès et de se jeter dans vos bras. À tous, sauf urgence, silence radio maintenant.

Un policier distribua une lampe frontale et un sifflet à Yannick, à Yorgos et à Odysséa. Un temps surpris, ils suivirent Nikos qui commençait à s'engager dans la galerie.

Odysséa s'approcha du Breton pour lui expliquer ce qu'elle avait compris du dispositif mis en place. Yorgos était tout ouïe.

– On aime bien en Grèce baptiser les choses en référence au passé. Dans une belle analogie, l'opération a été baptisée '*Hadès*', du nom des Enfers, lieux de séjour des âmes dont il est le souverain. L'entrée de ce monde souterrain auquel on accède par des galeries, des grottes comme pour ces carrières de marbre, est gardée par Cerbère, le chien à trois têtes qui empêche les vivants d'y entrer et les morts d'en sortir. Thanatos, le dieu de la mort que tout le monde craint au point de ne pas oser prononcer son nom, se tient souvent à côté de la porte des Enfers, un peu comme le PC de commandement qui n'a pas pour autant osé utiliser son nom ! dit-elle en se fendant d'un large sourire, avec une fausse candeur. Nous allons donc pénétrer dans ce royaume souterrain, séparées du monde des vivants par l'Érèbe, l'Enfer des méchants, le Tartare, et les Champs Élysée qui sont...

Nikos, l'oreille sur sa radio, réclama le silence et fit, en levant le poing fermé, signe d'interrompre la progression.

– Ici, Hadès 2, on distingue au loin, dans une galerie, un individu qui se dirige très lentement vers nous et semble progresser en titubant... Il n'est pas armé, semble-t-il... Que fait-on ?

Nikos répondit aussitôt sans dissimuler un zeste d'excitation dans la voix.

– Ne pénétrez surtout pas dans la galerie qui a peut-être été piégée. Laissez-le venir jusqu'à vous et rendez compte : signalement, etc.

Suivit un silence qui parut interminable, tandis que Yorgos laissait transpirer une angoisse croissante. Hadès 2 reprit son rapport par petits paquets.

– Il s'agit d'un individu de race blanche qui paraît très affaibli... Il s'exprime confusément... Son état comme son odeur laissent à penser qu'il devait être là depuis plusieurs jours... On a du mal à le comprendre... Il répète en boucle s'appeler Théophraste Panantolis... Il dit être âgé de 24 ans... Il a d'abord déclaré être de nationalité française, avant de se reprendre pour dire qu'il est grec. Tout cela est très confus...

Sans en entendre davantage, Yorgos et Odysséa avaient bondi vers Nikos pour lui demander la permission de rejoindre Hadès 2 et comment ? Calmement, celui-ci tempéra leurs ardeurs puis indiqua à Odysséa :

– Je t'ai entendu présenter Hadès et les Enfers à Yannick. Tu sais donc que les âmes qui veulent revenir dans le monde des vivants pour s'y réincarner doivent venir boire dans le Léthé, afin d'oublier tout ce qu'elles ont vécu et vu aux Enfers. Alors, nous dirons que le Léthé, c'est le PC de commandement et que c'est ici que ce jeune homme doit revenir à la civilisation.

Puis empoignant sa radio, Nikos ordonna haut et fort, avec un clin d'œil à Yannick.

– Qu'on m'amène ce jeune homme…

Mais déjà, la radio grésillait à nouveau.

– Ici, Hadès 3 ! Nous venons d'intercepter un individu qui tentait de s'enfuir…

Aussitôt coupé par un autre appel radio.

– Ici, Hadès 4, m'entendez-vous ? Nous observons un individu qui tente d'escalader la faille. Il a dérapé sur les éboulis et s'efforce à nouveau de remonter… On le laisse faire et on le cueillera quand il parviendra au plateau.

Nikos répondit.

– À toutes les unités, bien reçu. Maintenez la surveillance des accès car ces sorties simultanées sont peut-être un préalable à une sortie en masse. Hadès 3 et 4, conduisez vos prises vers le PC de commandement.

Alors que Théo arrivait, soutenu par deux policiers, Odysséa fut naturellement la plus rapide à se précipiter dans sa direction. Prise soudain d'un excès de civilité, elle laissa Yorgos l'étreindre le premier. Mais un infirmier mit prématurément fin à ces retrouvailles émues en enrobant Théo d'une couverture de survie et en l'emmenant vers une ambulance pour le conduire aussitôt à l'hôpital de Parikia.

– Si tu le veux bien, Yannick, nous procèderons ensemble demain au débriefing de ton filleul, si son état le permet. Remettons-le d'abord sur pied, invita Nikos.

D'autres policiers amenaient au PC commandement, les deux individus qu'Hadès 3 et 4 avaient cueillis à leurs sorties des carrières. Ces jeunes hommes en survêtements noirs n'en menaient pas large et regardaient intensément le sol. On aurait pu les prendre pour des spéléologues tant leurs vêtements étaient crottés. Ils paraissaient comme éblouis par le soleil après un séjour prolongé dans le noir des carrières.

Nikos précisa à ses amis :

– J'ai l'intention d'obtenir de ces deux individus quelques explications sur ce qu'ils faisaient là et pour qui ? Mais ceci n'est pas de ton ressort Yannick et concerne la seule police grecque. Aussi, je vous demande à tous les trois de bien vouloir sortir et rejoindre l'hôtel des Argonautes qui vous a été réservé pour la nuit. Je pense que vous pourrez voir Théo demain. Bonne soirée, leur dit-il prenant très militairement congé.

Yannick, Yorgos et Odysséa sortirent. Une voiture les attendait pour les ramener à Parikia.

Chapitre XXXI

Jeudi 18 décembre

Ils piaffaient d'impatience alors que le rendez-vous avait été fixé "*à 10 heures, à l'hôpital*". Quand Odysséa, Yorgos et Yannick y arrivèrent, Théo était allongé sur un lit, flanqué d'une perfusion et d'appareils de contrôle de la tension et du rythme cardiaque. Il avait des cernes sous les yeux et des bandages autour des poignets. On les fit patienter dans le couloir. Odysséa et Yannick, comme mus par une horloge commune, se mirent à lui faire de grands signes d'affection derrière la vitre qui les séparait de la chambre. La vue de ces pantins qui s'agitaient comme sur un écran de télévision arracha un sourire à Théo. Après quoi ils rivalisèrent de grimaces, tandis que Yorgos assistait hébété à la scène, ne sachant trop quelle attitude adopter. Un store fut prestement abaissé par l'infirmière pour permettre à Théo de retrouver son calme. Ils durent encore attendre qu'il ait pris une petite collation avant d'être enfin autorisés à pénétrer dans la chambre.

Tandis que, de part et d'autre du lit, Yorgos et Odysséa, après de longues embrassades, s'emparaient chacun d'une main de Théo, son parrain prit place au pied du lit et, redevenu sérieux, suggéra.

– Attendons Nikos qui va arriver d'ici quelques minutes et tu nous raconteras ce que tu as vécu depuis que tu es à Paros.

Ayant fini de s'entretenir avec le médecin, le commissaire grec les rejoignit, accompagné d'une greffière, et donna son feu vert pour le débriefing.

– Qu'est-ce qui s'est passé ? demanda-t-il à Théo, depuis que nous avons perdu le contact, c'est-à-dire dimanche dernier où tu as laissé une ultime trace de ton passage au 'Yemeni' avec ta carte bleue. Ceci nous a permis de remonter jusqu'au restaurateur et sur ses indications de situer ta disparition dans les hauts de Naoussa.

– Je posais ouvertement mes questions pour tenter de découvrir où se terrait Zacharias ou Stavros... Cela faisait probablement un moment que j'étais suivi, mais... je ne m'en étais pas rendu compte. Je n'ai pas l'entraînement de parrain pour les filatures, dit-il, appuyant son propos d'un clin d'œil vers Yannick. Toujours est-il qu'avec la complicité de ce salaud de restaurateur, ils ont prétendu me faire rencontrer un vieillard de 91 ans, un certain Arsénios... En fait, il s'agissait d'un piège. Ils m'avaient tendu une embuscade et m'ont enlevé.

– Nous avons placé le restaurateur en garde à vue. Qu'entends-tu quand tu dis 'ils' ?

– Je n'en ai, commença-t-il avant de se reprendre, je n'en avais aucune idée…

Théo s'exprimait lentement, tant parce qu'il était faible que parce que ses souvenirs étaient confus.

– Ce pouvait être Zacharias ou Stavros ou les deux... Ou d'autres, gênés par mon inquisition.

– Comment ont-ils opéré ? demanda Nikos, attentif à ne pas le brusquer.

– Ils m'ont injecté une substance qui m'a rendu étonnamment docile et mou... Après m'avoir mis la tête dans une cagoule, ils m'ont embarqué... Je crois que c'était dans une sorte d'ambulance, si j'en juge par l'avertisseur qu'ils actionnaient furieusement avant que je sombre complètement.

– As-tu le souvenir qu'ils t'aient transféré sur un bateau ?

– Non, pas que je me souvienne ! Il faut dire que j'étais complètement groggy. Et quand je me suis réveillé, je n'étais pas dans un bateau ou une ambulance, mais dans une immense caverne humide et sonore, où s'entrechoquaient les échos de bruits divers…

Il fut pris d'une longue quinte de toux.

– J'ai dû prendre froid, constata-t-il, avant que son débit reprenne un peu de vigueur.

Alors, il entreprit de raconter son aventure en se tournant vers Odysséa.

– Mais ce n'était pas la caverne d'Ali Baba ! Le seul trésor, si j'ose dire, c'était moi... et j'étais surveillé sans interruption comme le lait sur le feu... J'avais le droit à un lit de camp, mais l'interdiction de me lever, sauf pour aller pisser ou chier dans un WC chimique placé à proximité... De toute façon, je ne pouvais faire que quelques pas, autant que la chaine qui reliait mon harnais au mur le permettait. Et cela m'a semblé durer une éternité, sans que je puisse estimer s'il s'agissait de quelques heures ou de plusieurs jours. J'ai perdu la notion du temps car rien ne permettait de se repérer, ni l'écart entre de très légères collations, ni les plages forcées d'assoupissement...

Essoufflé, Théo s'arrêta un instant, avant de reprendre lentement.

– J'imagine que c'était pour me faire perdre la notion du temps, pour me conduire à un état réceptif maximum... Je n'avais pas le droit de parler. De toute façon, avec cette chambre d'échos, une longue conversation aurait été techniquement difficile... Au bout d'un certain temps, j'ai compris qu'il voulait établir un contact quand un de mes cerbères, toujours vêtus de noir et cachés sous sa cagoule, toujours avec un doigt sur les lèvres, m'a flanqué un casque sur les oreilles.

– As-tu relevé durant ces brefs rapprochements quelques indices te permettant d'identifier l'un ou l'autre de ces gardiens, demanda Nikos. Étaient-ils agressifs, voire violents ?

– Non, justes sinistres. Ils ne donnaient pas l'impression d'improviser. Je me suis dit que ce n'était peut-être pas la première fois qu'ils faisaient cela ?

– Et qu'est-ce que tu entendais dans le casque ? ne put s'empêcher de lui demander Yorgos, qu'un double regard de Nikos et Yannick réduisit à un silence contrit.

– Au début, une musique feutrée. On aurait dit du violoncelle... Mais pas un morceau construit avec une mélodie que j'aurai peut-être pu identifier, seulement un fond sonore pour éveiller mon attention... Et puis, ce fut une succession de petites phrases, très courtes, suivies de longs silences, sans doute pour que je puisse les méditer. Il ne s'agissait pas, comme

Kostas me l'avait raconté, de ces déclarations en continu et tonitruantes qu'il y avait dans les camps de concentration grecs pour empêcher les détenus de dormir et leur inculquer d'autres valeurs que les leurs. Je m'attendais un peu à cela. Mais non ! C'étaient des interventions brèves et répétées plusieurs fois pour s'assurer que je comprenne... ou comme pour tenter de me convaincre...

– Mais te convaincre de quoi ? Et qui te parlait dans le casque ? aboya Yorgos, à nouveau doublement foudroyé du regard par Nikos et Yannick, tandis que Théo, surpris, découvrait son père avec étonnement, avant de répondre en regardant son parrain.

– C'était une voix masculine, de vieux, un peu rocailleuse, pas le genre radiophonique... Bien sûr, j'étais incapable de dire si c'était la voix de Zacharias ou celle de Stavros, car je n'ai jamais entendu ni l'une ni l'autre. Au troisième ou quatrième couplet, je me suis désintéressé de la voix pour m'attacher surtout à enregistrer les paroles au fond de ma mémoire, avec une crainte incessante de les oublier ou de ne pas savoir vous les restituer. Je m'empêchais de m'assoupir en me les récitant en boucle, comme les verbes irréguliers anglais quand j'étais gamin, se souvint-il, avec un clin d'œil vers Odysséa.

– Dans quelle langue s'exprimait cette voix ? Avait-elle un accent ? Demanda Nikos

– En anglais, pas très recherché comme vocabulaire, mais avec de rares accents de sincérité.

– Peux-tu essayer de nous restituer ces propos ?

– Laissez-moi me souvenir des mots en respectant autant que faire se peut une certaine chronologie... Plusieurs fois, ça commençait par "*Bonjour Théo. Je ne te veux pas de mal. Tout va bien se passer... Je suis heureux d'avoir réussi à finalement te rencontrer... Je ne te veux pas de mal, même si mes méthodes ne te paraissent pas ordinaires...*". Mais le vieux s'est repris et a corrigé son propos. "*Je ne te veux pas de mal, même si mes méthodes ne sont pas convenables, non... agréables.... Sache Théophraste que j'aurais aimé partager ces premiers instants avec toi de manière plus sympathique*".

L'auditoire de Théo était suspendu à ses lèvres. Comme il s'aperçut que Yorgos semblait respirer de manière de plus en plus saccadée, il s'arrêta pour demander qu'on lui apporte une chaise et à boire. Puis il reprit son récit.

— Je l'ai trouvé gonflé de prétendre qu'il aurait aimé partager ces instants avec moi "de manière plus sympathique". Alors, je n'ai pas pu me retenir de lui dire qu'il suffirait qu'il me fasse détacher, que nous nous installions face à face dans un lieu plus accueillant comme pour un échange entre gens civilisés. J'avais à peine achevé ma phrase que deux de ses cerbères bondissaient sur moi, me sanglaient sur mon lit et me bâillonnait.

Ce récit avait fait remonter la colère et la tension chez Théo. L'appareil de mesures se mit à sonner, suscitant l'intervention de l'infirmière.

— Ne le fatiguez pas sinon je serai obligé de vous demander de partir, menaça-t-elle.

— Tout va bien, rassura Théo, marquant une pause avant de reprendre. Après un assez long moment, ils m'ont remis le casque sur les oreilles, mais en me laissant mon bâillon. Et le vieux a recommencé à prononcer exactement les mêmes phrases au point que j'ai cru qu'il s'agissait d'un message enregistré... Puis, il y a eu comme un déclic et un silence. Il s'est alors exprimé directement car j'entendais son souffle rauque dans le micro entre chaque phrase. "*Écoute-moi, sans m'interrompre sinon ces garçons vont te contraindre à m'écouter...*". Voyant que je ne protestais plus, il a ajouté "*Tu ne sais pas qui je suis mais tu l'auras surement deviné quand je t'aurai dit tout ce que j'ai à te dire*". Puis il m'a volontairement laissé maronner un certain temps avec ça. Je me posais des tas de questions. Pourquoi me parlait-il à travers un système audio plutôt qu'en face ? Était-ce à cause du phénomène d'écho que j'avais constaté moi-même ? Avec sa garde rapprochée, il n'avait aucune raison de craindre que je lui saute à la gorge, commenta Théo. Allait-il dissimuler ses traits jusqu'à la fin ? De toute façon, n'ayant jamais vu de photos de Zacharias ou de Stavros, cela ne m'aurait pas avancé à grand-chose...

Tout à ses réflexions, Théo demeura longtemps silencieux, comme bloqué sur une image. Nikos lui proposa de faire une pause, mais celui-ci voulait absolument poursuivre, de peur de ne plus se souvenir d'éléments essentiels.

— Alors le vieil homme a continué à crachouiller dans son micro. Il a tenté de justifier ses méthodes et son obligation de rester ainsi caché car beaucoup de gens étaient à sa recherche pour le tuer... Il a ensuite reconnu avoir eu plusieurs fois des différents politiques et familiaux avec mon grand-père, Kostas, précisant aussitôt qu'il ne l'avait pas tué... et que c'est pour me rencontrer qu'il m'avait fait enlever pour favoriser une rencontre en toute sécurité pour lui comme pour moi. Il avait voulu me rencontrer pour me le dire. Il m'a supplié de le croire. Et un nouveau grand silence a suivi.

— Tu avais toujours l'interdiction de parler, tu ne pouvais donc pas lui répondre ? ne put se retenir de demander Yorgos.

— De toute façon, j'étais sans voix. Il a décuplé mon désarroi quand il a avoué être venu à Paris en novembre dernier pour rencontrer Kostas "*pour faire la paix avec lui avant que l'un et l'autre nous mourrions*". Et j'ai hurlé, hurlé si fort que j'en ai perdu le souffle et que je me suis évanoui. Quand je me suis réveillé, ses sbires m'avaient religoté sur le lit et bâillonné. Je ne pouvais plus rien faire. J'ai eu l'impression qu'il était parti car je n'entendais plus aucun son dans le casque. Il devait certainement me surveiller de loin, peut-être par caméra interposée, parce qu'il a su que je m'étais réveillé. Alors, il a repris son discours haché. "*Ton grand-père m'a reproché mes engagements successifs, notamment à l'EDES et ma collaboration avec les nazis. J'ai tenté de lui faire comprendre que, pendant toute cette période, je n'avais pas eu le choix ! Sauf, à l'occasion d'un bloccos où j'avais eu la possibilité de le sauver, en sacrifiant malheureusement son copain, Kritikos*". Un peu plus tard, Kostas lui aurait reproché de ne pas avoir tout fait pour éviter qu'Agaton soit envoyé à Makronissos... Et alors, Stavros - j'étais maintenant convaincu que c'était lui -, a prétendu qu'il n'était "*qu'un sous-fifre sans aucun pouvoir !*"... Il a prétendu alors que grand-père se serait jeté sur lui, mais qu'il était parvenu à le maîtriser et à le ramener au calme. Ils se seraient ensuite assis tous les deux sur le banc de la terrasse pour essayer de poursuivre calmement cet échange.

Yorgos n'en croyait pas ses oreilles et ne parvenait pas à cacher son désespoir en regardant son fils, se reprochant de n'avoir pas su l'écouter et partager ses hypothèses. Encouragé du regard par Yannick, Théo reprit le cours de son récit.

— Je ne pouvais en supporter davantage. Alors, j'ai bougé la tête dans tous les sens, comme si je recommençais à me trouver mal. Le cerbère m'a enlevé mon bâillon et je lui ai fait comprendre que je voulais pouvoir au moins écrire. Ils m'ont apporté du papier et un crayon. J'ai écrit : " *Que tu sois Zacharias ou Stavros, ton plaidoyer pro domo à distance ne constitue pas une confession crédible. Il est impératif que je puisse voir tes yeux pour y détecter tes mensonges. À défaut, je ne veux plus t'entendre* ".

— Qu'a-t-il fait alors, demanda Nikos.

— Sa réponse fut tellement rapide qu'il ne devait pas être bien loin. Un des cerbères est venu remplacer mon casque par un casque avec micro, comme ceux des standardistes ou des pilotes d'avion. C'était une avancée, modeste mais nous allions enfin pouvoir dialoguer. Je ne voyais toujours pas à qui j'avais affaire et ne savais quoi faire pour l'obliger à se montrer. Et il a recommencé à égrener ses mensonges. Ainsi, a-t-il prétendu tour à tour que pendant que Kostas était à Tachkent, il aurait veillé sur sa mère, Adriani, puis, quand celui-ci était rentré, il aurait intrigué pour qu'il n'ait pas d'ennuis et puisse trouver un emploi. Dans sa péroraison, il m'a fait un coup de violon en déclarant qu'il avait été très fier d'apprendre la naissance d'un neveu, mon père Yorgos, et d'une nièce, ma tante Aspasia et qu'il n'avait eu de cesse que de les protéger. C'en était trop, j'ai hurlé à nouveau : "*Arrête ! Tu fabules ! Que prétendais-tu faire alors que les colonels avaient pris le pouvoir et qu'ils t'avaient envoyé continuer tes sales besognes au camp de Yaros. C'est probablement ce que Kostas t'a dit et tu l'as précipité par-dessus le garde-corps. Tu n'es qu'un assassin. Finissons-en ! Je ne veux plus rien entendre de toi*" cita Théo, rejouant la scène avec fureur.

L'appareil qui mesurait son rythme cardiaque s'emballa et l'alarme retentit à nouveau. L'infirmière se précipita. Considérant que Théo avait besoin de repos, elle fit sortir tout le monde de sa chambre, les invitant à revenir après la sieste.

Chapitre XXXII

Ne parvenant pas à retenir ses larmes, Odysséa sortit la première, suivi de Yannick et Nikos, tandis que Yorgos resta comme prostré derrière la vitre. Sans vouloir trop s'éloigner, ils partirent ensemble déjeuner chez 'Yanoulis', une taverne qui donnait sur le parking des autobus et où Nikos avait ses habitudes quand il venait à Paros. La tension était palpable entre Yorgos qui n'osait pas regarder Yannick, tant il se sentait coupable, Odysséa qui avait du mal à refouler ses larmes. Après être sorti un instant pour donner quelques consignes aux policiers qui étaient restés en faction autour de la carrière, Nikos commanda un ragout de lapin, suivi en cela par le Breton tandis que Yorgos et Odysséa qui n'avaient pas faim se contentaient d'une pita pour deux.

Quand ils retournèrent à l'hôpital, Théo avait meilleure mine et semblait avoir retrouvé la forme. Nikos lui résuma où il en était de son récit et l'invita à leur dire ce qui s'était passé ensuite.

– Un grand silence s'est alors installé, seulement rompu par le ruissellement de l'eau qui perlait sur les murs de la carrière et le craquement de bout de marbre qui s'en détachait de temps en temps. Mais j'avais réussi avec mon interpellation à le faire sortir. Il se dressa soudain devant moi, comme la statue du commandeur, le regard froid, un léger rictus aux lèvres, propulsé dans un fauteuil roulant par deux gardes du corps. Il paraissait beaucoup plus vieux que je ne l'avais imaginé d'après sa voix. Ce n'était donc pas lui que j'avais entrevu au monastère s'enfuir sur le cigare volant. Avant de reprendre son plaidoyer, il a donné l'ordre à ses sbires de m'installer plus confortablement puis s'est à nouveau justifié. "*Je n'ai pas poussé Kostas, mais il était fou de rage et a quitté la table pour se tenir à distance. Quand je lui ai déclaré que j'avais sauvé Aspasia en l'épousant, Kostas s'est précipité pour enjamber le garde-corps, menaçant de se jeter en bas si je ne quittais pas immédiatement les lieux*". L'homme a alors prétendu avoir essayé de le convaincre de revenir sur la terrasse. Mais les forces de Kostas l'abandonnaient et il avait fini par lâcher prise tandis qu'il se serait précipité pour tenter de le retenir.

Théo regarda son père et son parrain avant de poursuivre son récit.

– Sans lui laisser le temps d'en dire davantage, je lui ai crié : arrête tes mensonges. Comment peux-tu prétendre être venu à Paris il y a quinze jours pour grimper juqu'à notre terrasse et pousser Kostas par-dessus bord alors que tu te traines aujourd'hui lamentablement en fauteuil roulant ? Tu n'es pas non plus l'homme que j'ai vu partir du monastère en zodiac vers le bateau !

– Ainsi, Stavros et Zacharias étaient un seul et même homme et tu étais à sa merci, s'effraya rétroactivement Odysséa alors que Théo poursuivait son récit.

– Je lui ai demandé : Qui es-tu ? Qu'est-ce qui me prouve que tu dis vrai ? Il m'a répondu calmement que si je le voyais ainsi en fauteuil roulant c'est parce que, à son retour de Paris, il avait fait une crise cardiaque. Je n'ai même pas puisé dans cet évènement le réconfort d'une justice divine. Ensuite, il a affirmé qu'il avait la preuve que ce qu'il racontait était l'exacte vérité. En effet, voyant Kostas tomber, il se serait précipité dans la cour pour venir à l'aide de grand-père mais c'était trop tard car il était mort. Sans attendre l'arrivée des secours, il me raconta qu'il avait récupéré son 'komboloï' pour éviter qu'il tombe en de mauvaises mains et qu'il s'était promis de "*le remettre un jour à Yorgos*"… Les mots que j'aurai aimé lui dire restaient bloqués au fond de ma gorge, expliqua Théo. Sachant combien la distance rendait vaine ma démarche, j'ai quand même rassemblé tout ce qu'il me restait d'énergie pour lui cracher au visage… Puis je me suis évanoui. Quand je suis revenu à moi, il était parti avec ses sbires… Il m'a fallu un certain temps avant de réaliser que j'étais libre. Mon casque, le harnais, la chaine avaient disparu. Il ne me restait plus qu'à me lever, à me saisir de la lampe tempête et tenter de sortir de ce labyrinthe. J'ai quand même attendu un certain temps car j'avais peur qu'il s'agisse d'une ruse pour me faire abattre par ses hommes. Et puis, j'ai entendu les policiers qui intimaient l'ordre de sortir les mains en l'air. J'ai fait un gros effort pour rassembler mes forces, me lever et partir. Comme je serrais mes poings dans mes poches, j'ai eu la surprise d'y trouver le 'komboloï' de grand-père, acheva-t-il en le retirant du tiroir de la table de nuit pour le tendre avec un large sourire à son père.

Odysséa se jeta sur Théo pour l'étreindre. Cette fois-ci, Yorgos attendit son tour avec impatience. Nikos et Yannick, se sentant de trop, sortirent de la chambre. Le commissaire de Parikia les attendait pour leur rendre compte du résultat des interrogatoires des deux hommes qui avaient été cueillis au sortir de la carrière. Coopératifs, ils avaient, sans trop de difficultés, indiqué où se trouvait le patron dont ils étaient les gardes du corps. Comme ils ne voulaient pas avoir de morts sur la conscience, ils avaient aussi mis en garde les policiers sur le fait que les accès à la carrière avaient été minés à la demande de Zacharias, sitôt que Théo était sorti.

– Nous attendons l'équipe de déminage qui vient de quitter Athènes, expliqua-t-il. Maintenant que votre Théo s'est ressaisi, vous pouvez le récupérer. Et, sans vous donner de conseil, vous feriez mieux de rentrer tous à Athènes.

Mais alors qu'il achevait sa phrase, sa radio émit une sonnerie qui résonna dans l'hôpital. Il demanda le silence pour écouter le message.

– Ici Hadès 1. Nous sommes encore sur le site et nous venons d'entendre dans l'une des galeries une énorme déflagration qui a été suivie de bruits d'éboulements. Actuellement, de gros nuages de fumée s'échappent de toutes les ouvertures de la carrière. On ne distingue plus rien. La violence de l'explosion nous fait douter que le vieil homme qui était demeuré à l'intérieur soit encore en vie. Sitôt le passage déminé, nous irons vérifier. Envoyez-nous quand même une ambulance.

Chacun guettait le regard des autres, hésitant entre frustration de voir s'envoler un éventuel jugement et satisfaction d'avoir été vengé. Timidement, Odysséa se décida à rompre le silence.

– Yannick, si tu veux bien, je vais humblement poursuivre ton éducation mythologique. Dans le monde grec ancien, le culte des morts a vocation à assurer au défunt une survie au tréfonds du souvenir entretenu - ou enfoui - au sein de la communauté qui lui survit. Dans une culture de la louange et du blâme, la privation de sépulture équivaut à une condamnation, un manquement à la mémoire et à l'intégrité du mort, à la pérennité de son image dans la mémoire sociale. Stavros, alias Zacharias, s'est choisi un tombeau qui ne sera pas marqué par une stèle. Négliger ce signe, c'est tuer une seconde fois celui qui a préféré une mort infâme au jugement des hommes.

– Amen, prononça Théo, comme le mot de la fin.

L'infirmière leur confirma qu'il pouvait désormais rentrer chez lui.

Alors qu'ils se dirigeaient tous ensemble vers le stade où attendait l'hélicoptère qui devait les ramener à Athènes, Théo et son père cheminaient côte à côte dans la lumière dorée de cette fin de journée de décembre qui étirait leurs ombres sur les dalles des trottoirs de Parikia. Yorgos, dans un geste paternel, avait étendu gauchement son bras sur l'épaule de son fils, sous le regard à demi compatissant de Yannick. Théo lui avoua.

– J'ai tout fait pour connaître la vérité. Maintenant que je la connais, je ne sais plus quoi en faire.

– La vérité n'aura malheureusement pas fait revenir ton grand-père mais sa quête t'aura permis en accéléré de te forger tes propres racines. En prime, si j'en juge par les regards enamourés d'Odysséa, cette quête t'a ouvert des horizons qui dessineront peut-être ton avenir. Quant à moi, toute cette histoire m'aura permis de remettre en cause mes dissimulations et appris à t'écouter. Je suis convaincu qu'en dépit de nos divergences, elle nous aura rapprochés. Et j'espère que tu me pardonneras le temps perdu.

Yannick et Odysséa, bras dessus bras dessous, les rejoignirent juste avant qu'ils ne soient submergés par l'émotion.

– Konstantinos vient de m'appeler, annonça celle-ci, guillerette. Il propose que Théo reste quelques jours à la maison pour se reposer.

– Voilà une bonne idée, répondit Théo, à condition que mon ange gardien accepte de m'accompagner ensuite à Paris pour les fêtes de Noël. D'accord pap' ?

Chapitre XXXIII

Mardi 23 décembre

Comme depuis son retour d'Athènes, Yorgos était trop occupé à remettre en route le restaurant pour savourer une once de temps libre, Yannick s'était proposé pour aller chercher Théo et Odysséa à Roissy. Une fois les embrassades de rigueur savourées, il les entraîna vers sa voiture.

– Après ta petite convalescence touristico-langoureuse à Athènes, je suppose que tu as l'intention de jouer les prolongations à Paris avec cette très chère Odysséa.

– Et le voilà qui fait son jaloux, releva Théo, ravi. Mais les bonnes choses ont une fin. Pour Odysséa comme pour moi, il y aura reprise des cours dans une semaine. D'ici là, on a bien l'intention de profiter de ces derniers jours, en attendant avec impatience les prochaines vacances…

– Et plus, si affinités, ajouta-t-elle en lui glissant un regard engageant.

– En tout cas, merci d'être venu nous chercher, parrain, mais où as-tu reçu mission de nous emmener ?

– Surprise ! répondit Yannick, prenant un air mystérieux.

Pendant le trajet, Théo faisait le guide, indiquant à Odysséa les points d'intérêt : le grand Stade de France, la porte de Bagnolet, le périphérique, les quais de Seine, son école d'archi qu'elle pouvait distinguer sur l'autre rive, Bercy, le ministère des Finances, la morgue, le pont d'Austerlitz, le Jardin des Plantes, la Grande Mosquée… jusqu'au terminus du voyage devant lequel Yannick se gara doucement.

Sortant du véhicule, Théo ouvrit cérémonieusement la portière à Odysséa en lui annonçant avec emphase.

– Et nous voici arrivés 'Chez Aristophane' ! N'oubliez pas le guide, s'il vous plait.

Odysséa et Yannick éclatèrent de rire, se moquant ouvertement de Théo. Interloqué, celui-ci se retourna et découvrit avec stupeur que le restaurant avait changé de nom. Une enseigne au néon d'un bleu grec éclatant clignotait avec écrit un magnifique *'Chez Kostas'*.

Sur le pas de la porte, Yorgos, sanglé dans un grand tablier, les attendait les bras grands ouverts.

ROMANS
AUX ÉDITIONS L'HARMATTAN

Dernières parutions

UNE FEMME ROC
Mame Famew Camara
Ce texte raconte le parcours de Faly, une femme moderne, fragile et fort amoureuse de la Littérature mais surtout de son mari qui va malheureusement l'abandonner pour une autre. A travers ce roman, l'auteure dénonce les violences muettes vécues par la gent féminine dans leur ménage au Sénégal. Il est une ode féministe et raconte sans tabou le quotidien d'une femme moderne à la sénégalaise.
(Coll. Harmattan Sénégal, 202 p., 20,5 euros)
ISBN : 978-2-343-18427-2, EAN EBOOK : 9782140131714

NATHALIE OU LE GRAND PARDON
Roman
Michel Haba
Nathalie ou le grand pardon est le récit des mésaventures d'une femme qui menait une vie paisible dans son foyer avec son mari et leurs trois enfants. Mais un amour de jeunesse, Grégoire Néma, réussit à briser son foyer, malgré l'intervention de ses parents et de ses beaux-frères. À Paris, où elle rejoint Grégoire Néma, son aventure tourne au drame. Et c'est manu militari qu'elle est embarquée de force et ramenée à Conakry. Elle tente alors tout pour réintégrer le foyer conjugal...
(Coll. Harmattan Guinée, 98 p., 11 euros)
ISBN : 978-2-343-18015-1, EAN EBOOK : 9782140131615

LE SECRET DU DOKLAM
Grégory Cox
Le 16 juin 2017, contre toute attente, la Chine déploie ses hommes dans le plateau du Doklam afin d'y implanter une route, provoquant aussitôt la colère du Bhoutan et de ses puissants alliés indiens. Le chantier est interrompu, les armées s'affrontent dès lors dans un conflit plus psychologique que meurtrier, mais contrastant avec la sérénité des lieux, la magnificence de l'Himalaya. La discorde menaçant d'embraser toute la région, des tractations diplomatiques s'engagent non loin de là, dans le secret d'un bunker. La situation explosive compromet aussi sérieusement la feuille de route d'Olymp, un Européen au passé trouble, qui était sur le point de rallier le Bhoutan pour y arpenter le chemin de l'Éveil. En quelques heures et à sa stupéfaction, l'aventurier voit l'endroit se remplir de soldats dont la seule présence attise les tensions les plus extrêmes. Bientôt, en marge de la confrontation, le spectacle révèle d'inattendues découvertes dont les effets se font sentir bien au-delà du périmètre de rivalité.
(170 p., 17,5 euros)
ISBN : 978-2-343-18256-8, EAN EBOOK : 9782140131264

L'HISTOIRE TRAGIQUE D'OKITO LE VIEUX
De l'épopée coloniale à l'époque Mobutu
Roman
Thomas Ewolo

Okito le Vieux avait reçu l'ordre d'aller rejoindre les forçats du caoutchouc. Lui qui était déjà vieux, avec de mauvaises jambes et en deuil de son fils unique, se révolta contre l'ordre de l'oppresseur. C'est ainsi que l'agent territorial va lui administrer la peine réservée aux récalcitrants qui refusaient de fournir le caoutchouc à l'État. L'histoire de la vie d'Okito le Vieux est une histoire grave, une histoire triste qui débute à l'époque de l'État indépendant du Congo en passant par l'époque du Congo belge jusqu'au règne du maréchal Mobutu. Le roman met également en exergue les circonstances de l'assassinat de Patrice Lumumba et l'arrivée au pouvoir du chef d'État-major Mobutu.

(Coll. Écrire l'Afrique, 188 p., 18,5 euros)
ISBN : 978-2-343-18443-2, EAN EBOOK : 9782140130847

CONFIDENCES D'ENFANTS
Roman
Mamoudou Kabala Kaba Kabiné

Phénomène de société, le petit écran est venu bousculer les classiques salles de cinéma avec l'avantage aussi bien de sa gratuité que de sa retransmission en langue nationale. Koudani Amoh en fut l'un des premiers possesseurs. Dès lors, tous les soirs l'essentiel de Korialen se retrouvait à son domicile. Un soir se joue un drame, il sera particulièrement marqué par l'irascibilité de Bintou Madi, l'infinie sagesse de Fodé Kaba Laye et le fatidique sort de deux amis qui, nés de deux ménages différents, ont rejoint l'au-delà, exactement comme des frères siamois.

(Coll. Harmattan Guinée, 88 p., 10 euros)
ISBN : 978-2-343-18014-4, EAN EBOOK : 9782140130410

LA SOUFFRANCE DE ROUYIBATA
Roman
Ibrahima II Barry

En se réveillant ce matin du 28 septembre 2009, Rouyibata était dans une jubilation presque enfantine. Et c'est avec un empressement fébrile qu'elle se prépara, sortit du domicile et s'embarqua pour le Stade du 28 Septembre. Près de deux heures après son entrée dans l'enceinte, elle gardait encore l'espoir et l'enthousiasme qui l'habitaient à son réveil. Mais, subitement, elle vit des hommes, des femmes, des jeunes filles et des jeunes garçons tomber autour d'elle. Elle se mit alors à courir pour s'extirper de l'arène mortifère. Dans sa fuite, Rouyibata fut happée par un « tourbillon de clous » qui la souleva, la fit virevolter avant de la laisser choir dans un gouffre aux limites imprécises. Elle va s'efforcer d'en sortir. Y parviendra-t-elle ?

(Coll. Écrire l'Afrique, 240 p., 22,5 euros)
ISBN : 978-2-343-18129-5, EAN EBOOK : 9782140130625

HELP
I need somebody help ?
Jean-Michel WEIL

Jusqu'où sommes-nous prêts à aller afin d'assouvir nos fantasmes, de réaliser enfin nos rêves ? Faust, savant déçu, contracte un pacte avec le Diable. Celui-ci, au prix de son âme, lui offre une vie de plaisirs, une seconde vie réussie en somme. Thème souvent repris dans la littérature, au cinéma, au théâtre, et même dans la chanson. David, musicien raté sexagénaire, et à ses yeux incompris par ses contemporains, se voit proposer un extraordinaire marché à la suite d'un accident de la circulation qui « aurait » dû lui coûter la vie. David acceptera-t-il de signer ce contrat inespéré et séduisant, mais qui l'oblige à respecter certaines conditions qui vont vite se révéler insupportables et totalement contraires aux principes de la morale ?
Les Impliqués (102 p., 12,5 euros)
ISBN : 978-2-343-18238-4, EAN EBOOK : 9782140130472

LE FINALISTE
J.D. BOURGOIN-JAL

Mon nom est Adams Tahar. Jeune diplômé en infographie, j'ai été embauché il y a six mois par la société Simulus, numéro un mondial de la modélisation virtuelle, pour travailler sur le projet de construction de la « Grande Vidéothèque Universelle ». Mais depuis peu, de mystérieux sabotages perturbent ce chantier, et un hacker a réussi à s'introduire dans notre supercalculateur. Et comme si ça ne suffisait pas, il y a cet insaisissable tueur en série, « le voleur de cerveaux » et des cadavres qui s'accumulent... Mais pourquoi faut-il que je me retrouve embarqué dans cette galère cybernétique ? Dans une ambiance cyberpunk où la frontière entre le réel et le virtuel se transforme en un cruel jeu de massacre, Le Finaliste annonce le renouveau d'une science-fiction plus que jamais d'actualité.
(Coll. Miroirs du réel, 298 p., 25 euros)
ISBN : 978-2-343-18030-4, EAN EBOOK : 9782140130533

FREDIANU LE SARDE ET LE JARDIN DE PLUTARQUE
Jean-Baptiste Leccia

Conclusion violente d'une amitié fantasmée, au sein d'une société villageoise déclinante, entre un Corse de la diaspora avide de ressourcements et un berger sarde malheureux de son état : Paul-André et Fredianu. Des âpres terres de Sardaigne aux massifs montagneux de l'Alta Rocca en Corse du Sud et aux pavés parisiens, une histoire dramatique malgré, parfois, la légèreté du ton, où viennent jouer entre complicités perverses et trahisons, Davia la femme libre et Duchagrin l'écrivain à succès.Au-delà de la Corse, ce roman interroge la désespérance du milieu rural, confronté à la réalité d'une inexorable désertification, à la recherche de perspectives individuelles entre le rêve de l'exil et le retour subi.
(Coll. Rue des écoles, 170 p., 17,5 euros)
ISBN : 978-2-343-18239-1, EAN EBOOK : 9782140130373

CARAPACES
Roman
Célia Sanchez
Calisse est fille unique, musicienne, timide et du genre à se laisser dépasser par la vie. « L'artiste » est un enfant blessé, un jeune chômeur romantique écoeuré par l'apparente fausseté qui règne dans notre société. Ils ne se connaissent pas, mais évoluent en parallèle jusqu'à ce que le destin s'en mêle. Carapaces est un récit à deux voix qui raconte le quotidien de deux personnages vivant en région parisienne.
(Coll. Harmattan Sénégal, 146 p., 15 euros)
ISBN : 978-2-343-18385-5, EAN EBOOK : 9782140129988

UNE FEMME D'EXTÉRIEUR
Caroline Tapernoux
Excessive, entière, gouailleuse, libertine, Marthe est une grand-mère atypique qui se moque du regard des autres. Une femme d'extérieur nous entraîne, à travers le regard de sa petite fille, sur les pas de cette femme haute en couleur qui traça son chemin du Borinage au pied du stade d'Anderlecht avec une énergie redoutable. Mais comment sa famille composera-t-elle avec tant d'excentricité ?
Academia (Coll. Littératures/Academia, 86 p., 11,5 euros)
ISBN : 978-2-8061-0474-8, EAN EBOOK : 9782806110336

UNE VIE APRÈS LE STYX
Roman
Eric Ntumba
Ce roman retrace la vie de Sifa, une jeune fille congolaise prise dans les affres des atrocités de la guerre du Congo et de la vague des conflits de l'Afrique des Grands Lacs. L'auteur retrace son calvaire, la dureté de sa condition de captive, l'esclavage sexuel auquel elle est soumise puis son évasion et le début d'un long travail de reconstruction à Panzi. À travers ce roman, il aborde des thèmes divers allant de l'acculturation des classes moyennes africaines, la coexistence des religions modernes avec les pratiques animistes, aux débats sur l'avortement, la condition féminine ou enfin l'homophobie.
(176 p., 17,5 euros)
ISBN : 978-2-343-18376-3, EAN EBOOK : 9782140129711

LE SOLEIL DE LA DÉMOCRATIE
Roman
Mory Mandiana Diakité
Le soleil de la démocratie est un roman de fiction politique qui dresse un diagnostic généralisé et condensé de l'avènement du multipartisme et ses effets sur les relations humaines et sur la gouvernance économique dans une contrée dénommée Miriya. Le personnage principal, Sininko, après avoir milité activement pour l'avènement de la démocratie dans son pays, est contraint de prendre une décision grave pour sa survie. Ce roman place l'homme africain face à ses contradictions, son malaise et la perte de ses valeurs. C'est un vrai réquisitoire contre la décadence de la société moderne africaine.
(Coll. Harmattan Sénégal, 92 p., 12 euros)
ISBN : 978-2-343-18311-4, EAN EBOOK : 9782140129759

Structures éditoriales du groupe L'Harmattan

L'Harmattan Italie
Via degli Artisti, 15
10124 Torino
harmattan.italia@gmail.com

L'Harmattan Hongrie
Kossuth l. u. 14-16.
1053 Budapest
harmattan@harmattan.hu

L'Harmattan Sénégal
10 VDN en face Mermoz
BP 45034 Dakar-Fann
senharmattan@gmail.com

L'Harmattan Mali
Sirakoro-Meguetana V31
Bamako
syllaka@yahoo.fr

L'Harmattan Cameroun
TSINGA/FECAFOOT
BP 11486 Yaoundé
inkoukam@gmail.com

L'Harmattan Togo
Djidjole – Lomé
Maison Amela
face EPP BATOME
ddamela@aol.com

L'Harmattan Burkina Faso
Achille Somé – tengnule@hotmail.fr

L'Harmattan Côte d'Ivoire
Résidence Karl – Cité des Arts
Abidjan-Cocody
03 BP 1588 Abidjan
espace_harmattan.ci@hotmail.fr

L'Harmattan Guinée
Almamya, rue KA 028 OKB Agency
BP 3470 Conakry
harmattanguinee@yahoo.fr

L'Harmattan Algérie
22, rue Moulay-Mohamed
31000 Oran
info2@harmattan-algerie.com

L'Harmattan RDC
185, avenue Nyangwe
Commune de Lingwala – Kinshasa
matangilamusadila@yahoo.fr

L'Harmattan Maroc
5, rue Ferrane-Kouicha, Talaâ-Elkbira
Chrableyine, Fès-Médine
30000 Fès
harmattan.maroc@gmail.com

L'Harmattan Congo
67, boulevard Denis-Sassou-N'Guesso
BP 2874 Brazzaville
harmattan.congo@yahoo.fr

Nos librairies en France

Librairie internationale
16, rue des Écoles – 75005 Paris
librairie.internationale@harmattan.fr
01 40 46 79 11
www.librairieharmattan.com

Lib. sciences humaines & histoire
21, rue des Écoles – 75005 Paris
librairie.sh@harmattan.fr
01 46 34 13 71
www.librairieharmattansh.com

Librairie l'Espace Harmattan
21 bis, rue des Écoles – 75005 Paris
librairie.espace@harmattan.fr
01 43 29 49 42

Lib. Méditerranée & Moyen-Orient
7, rue des Carmes – 75005 Paris
librairie.mediterranee@harmattan.fr
01 43 29 71 15

Librairie Le Lucernaire
53, rue Notre-Dame-des-Champs – 75006 Paris
librairie@lucernaire.fr
01 42 22 67 13